크로셰 크러시
Crochet Crush

글과 손뜨개 디자인
몰라 밀스

사진
엠마 사르파니에미, 조나 히에탈라, 시니 크라메르

출판 디자인
이리나 카우피넨

스타일리스트
아나 코모넨

메이크업과 헤어
미카 켐파이넨

모델
랜디스, 모니카 / 애즈유아에이전시

의상과 소품
하바이아나스, 이탈라, 코코리, 뉴발란스, 테르히 푈키, 비마, 부오코, 앤아더스토리즈

mollamills.com
lainemagazine.com

이 책은 핀란드 논픽션작가협회의 지원으로 제작되었습니다.

세상에서 가장 힙한 코바늘 손뜨개

크로셰 코러시

몰라 밀스 지음 | 임윤경 옮김 | 이순선 감수

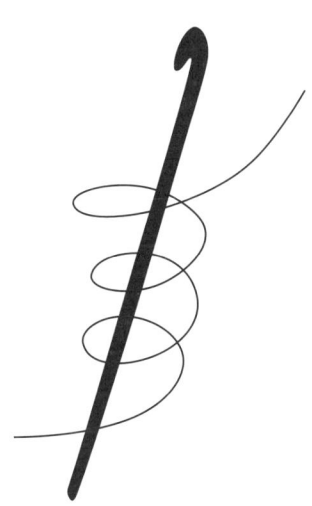

지금책

Con

tents

세계를 여행하며
코바늘 손뜨개를

나무 상자에 색색의 실들을 가득 담아 "마음껏 가져가세요!"라고 쓴 종이를 붙여서 길가에 내놓았어요. 저는 막 여행을 떠날 예정이었거든요. 더 정확히 말하자면, 제 삶을 완전히 바꾸려고 마음먹었죠. 헬싱키 칼리오에 있는 작업실 선반에 가득한 실은 더 이상 제게 필요하지 않았어요. 곧 저는 집이 없는, 자발적으로 집을 잃은 여행자가 될 참이었으니까요.

그 당시 저는 여러 개의 직업을 가지고 있었어요. 재봉사이면서 인테리어 디자이너였고, 패브릭 가게 주인이기도 했어요. 그렇지만 저는 안주할 수 없었어요. 방향을 바꿔 제가 진정으로 열망하는 코바늘뜨기의 길을 따라가고 싶었어요. 손으로 무언가를 만드는 일은 여러 해 동안 제 삶에서 중요한 부분이었고, 조금이라도 코바늘뜨기를 하지 않고 지나가는 날은 단하루도 없었거든요.

그래서 저는 신중하게 계획을 세웠고, 집과 작업실을 정리하고 제가 가진 실들을 모두 나누어 주었어요. 2015년 11월, 그때가 바로 모직 양말이 샌들로, 칼리오의 차가운 아스팔트가 케랄라의 습한 열대 지역으로 바뀐 순간이었어요. 저는 인도 서쪽의 향취와 녹음에 에워싸인 티루바난타푸람에 도착했습니다.

정글에 둘러싸인 작은 공항에 도착했던 기억이 나요. 거기에 서부터는 흙탕길을 따라 걸어가며 인력거를 찾고, 지나가는 소들을 피해 길가로 바짝 붙어야 했어요. 티푸바난타푸람은 케랄라에서 현대의 진주라 불리는, 백만 명에 가까운 거주민과 수많은 마천루가 존재하는 기술 거점이라고 해요. 하지만 저는 그런 사실보다는, 눈앞에 펼쳐진 세상에 집중했어요.

인도에서 보낸 한 달은 제 마음을 넓혀주었지만, 사실 여행이 끝나고 나서야 그 여행이 저를 정말 얼마나 많이 변화시켰는지를 깨닫게 되었어요. 인도에서 저는 색과 향, 소리가 감정과 사고방식에 어떻게 영향을 끼치는지, 감각을 최대치로 사용할 때 각각의 경험에서 얼마나 더 많은 것을 얻을 수 있는지를 배웠어요. 마음을 열고 호기심을 가지세요. 그러면 여러분도 생각보다 가까운 곳에서 제가 인도에서 발견했던 것들을 찾을 수 있을 거예요.

분주하고 활기찬

허드슨강 위의 다리를 건널 때는 살을 에는 바람이 코바늘뜨기로 만든 솔을 파고들었어요. 알파카로 만든 솔이 보슬비와 기쁨의 눈물 모두를 막아주었지만, 솔을 담요처럼 두르고 있어도 여전히 얼어붙을 정도로 추웠어요. 물기 어린 눈으로 맨해튼의 스카이라인을 바라보니, 마치 영화 세트장에 떨어진 것처럼 느껴졌어요. 이게 바로 제가 계획한 여행의 두 번째 여정이었어요. 저는 인도에서 뉴욕으로, 향신료 냄새가 아닌 감자튀김 냄새가 가득한 도시로 옮겨왔답니다.

뉴욕시의 빠른 속도는 어지러울 정도였어요. 제게 자연스러운 속도는 포흐얀마 남쪽에 있는 쿠리카의 들판과 칼리오 교외에서 보낸 여유로운 시간이었거든요. 그래서인지 뉴욕에서는 첫날부터 뒤처진 기분이었죠! 그렇지만 계속되는 분주함 이면에는 곳곳에 흥미로운 일들이 있었어요. 유니언스퀘어 지하철역 터널에서 브로드웨이 수준의 음악 공연을 보았고, 뉴욕현대미술관에서는 해리슨 포드와 함께 작품들을 관람했으며, 좁은 골목의 작은 갤러리에서 숨겨진 보석들을 찾을 수 있었어요.

분주함과 부산함은 현대 사회의 문제예요. 분주함은 아침에 시작되어 온종일 이어지다가 밤이 되면 누그러지지만 멈추지는 않아요. 이렇듯 바쁜 뉴욕의 생활 방식은 저에게도 영향을 미쳤어요. 저는 어딘가로 끊임없이 달렸지만, 정작 어디로 가는지는 몰랐어요. 우리는 우리를 둘러싼 끝나지 않는 일들과

놓칠 수 없는 재미들이 너무나 많아서 바쁘다고 생각하죠. 여러분도 슬금슬금 마음이 조급해진다면, 코바늘뜨기를 시작해보세요. 잠깐이라도 코바늘뜨기로 휴식을 취한다면 편안해지고 여유를 가지는 데 도움이 될 거예요.

뉴욕의 북쪽, 캣츠킬에 있는 우드스톡 마을에 갔을 때 비로소 저는 대도시의 분주함과 부산함이 옅어지는 것을 느낄 수 있었어요. 오래된 기타 소리를 배경 삼아 우드스톡의 모든 색채가 스며들도록 내버려두었을 때, 저는 진정으로 매 순간 존재할 수 있었어요. 여러분의 손가락이 무언가 새로운 것을 만드느라 바쁠 때, 마음은 편안해질 거예요.

그렇기는 하지만, 비자가 있어야 마음을 돌보는 연습을 계속해서 이어나갈 수 있지요. 미국에서부터 저는 이리저리 떠도는 여행을 계속했고, 여행가방에 가지고 다니면서 떴던 코바늘 손뜨개 작품들은 공항에서 끊임없이 대화의 소재가 되었어요.

한번은 마드리드 공항에서 금속 탐지기가 울렸어요. 젊은 직원이 저에게 옆으로 물러서라고 요청했죠. 그는 제 코바늘들을 모두 찾아냈고, 저는 꼼짝없이 스무 개의 코바늘을 모두 잃게 되겠구나 싶었어요. 그런데 놀랍게도, 그 직원은 제 도구들이 할머니에 대한 기억을 불러냈다고 말했답니다. 그의 할머니는 코바늘로 레이스를 뜨곤 했대요. 마법 같던 할머니의 솜씨가 이 젊은 청년의 기억에 영원히 흔적을 남긴 거였어요.

언어를 뛰어넘는 소통

저는 두 눈은 크게 뜨고, 양손에는 스케치북을 들고 많은 나라를 여행하며 아이디어와 영감을 모으고 현지의 장인들과 전통을 알게 되었어요. 전 세계에서 독특한 문화들이 여러 세기에 걸쳐 직물에 엮이고, 장신구에 수놓아졌으며, 러그에 새겨졌어요. 전 세계의 수공예 박물관에서 현대의 섬유 작업 방식에 결합한 전통을 보여주는 전시물들을 찾아볼 수 있을 거예요. 하지만 저는 손으로 만들어진 물건들의 뿌리에 닿는 가장 좋은 방법은 현지에서 직접 만드는 사람들을 알게 되는 거라고 생각해요.

잠깐이라도
코바늘뜨기로 휴식을
취한다면 편안해지고
여유를 가지는 데
도움이 될 거예요

멕시코 오악사카의 테오티틀란 델 발레 수공예 마을에서, 제게 선생님이 되어준 후아나는 사포텍족 원주민들이 직물을 엮을 때 사용한 천연염료에 대해서 말해주었어요. 후아나와 함께 인디고와 카민으로 두꺼운 모직을 염색했을 때, 제 양손은 푸른색과 붉은색으로 번갈아 가며 물들었답니다.

과테말라 남서부의 아티틀란 호숫가에서 코바늘뜨기를 했을 때는 나이 든 마야족 여성들 무리가 제 주위에 모여들었어요. 주로 수공예품을 만들어서 생계를 이어가는 이 여성들과 언어는 통하지 않았지만, 우리의 손은 언어를 뛰어넘어 어디서나 통해서, 같은 이야기를 나누었습니다.

칠레의 산티아고에서 주스와 마라케타를 주문했을 때는 한 여성이 저를 알아봤어요. 감격한 듯 보이는 그 여성은 제 작품이 그녀에게 어떠한 영감을 주었는지 말하기 시작했어요. 제 스페인어 실력으로는 그녀가 말하는 모든 것을 이해할 수 없었지만, 그녀의 몸짓이 메시지를 전달해주었어요. 그건 정말 아름다운 순간이었고, 왜 제가 지금 하고 있는 것을 계속해야 하는지를 생각하게 해주었어요.

이 책에 실린 모든 코바늘뜨기 무늬는 여행 중에 만들어진 것들이에요. 분주함은 잊고 손으로 무언가를 만들며 여러분의 하루를 채워보세요. 생기가 넘치는 색채들로 에너지가 충전되고, 영감을 얻게 될 거예요!

행복한 코바늘뜨기가 되길 바라며,
-몰라

♡ Molla

케토 담요 p. 140, 케르호 더플백 p. 52
부오코 해변용 러그 p. 208

로이바 매트 p. 114
아이타 담요 p. 84

루투 바닥용 매트 p. 164

로이바 매트 p. 114
아이타 담요 p. 84

코바늘뜨기를 할 때 유용한 팁

코바늘뜨기의 가장 큰 장점은 단순함이에요. 실로 사슬을 만드는 데서 시작해 짧은뜨기에서 한길긴뜨기로 늘리기도 하고, 아니면 그 중간인 긴뜨기를 할 수도 있어요. 가끔은 동글동글한 구슬뜨기나 팝콘뜨기가 될 수도 있고, 이 모든 것을 다 합친 모양이 될 수도 있어요. 가능성은 끝이 없답니다!

코바늘뜨기로 만든 편물은 신축성이 거의 없으므로, 인테리어 소품이나 가방이나 지갑 같은 액세서리로 사용하기에 가장 좋아요. 다양한 색상의 무늬들을 나선형으로, 또는 왕복하며 코바늘뜨기로 떠주세요. 줄이거나 늘릴 수도 있고, 여러 방법으로 작품의 부분을 만들어 각 부분을 서로 이어줄 수도 있어요. 여러분에게 꼭 필요한 무언가를 만들어보세요. 여기에는 도구와 기법, 작업의 여러 단계에 관한 유용한 팁들을 모아두었습니다.

실 선택하기

천연 소재를 고르고, 여러분이 가장 좋아하는 색상을 선택하거나 아니면 평소에는 쓰지 않는 색을 시도해보세요. 각각의 작품마다 필요한 실의 양과 게이지를 기재해두었어요. 그렇지만 이건 단순한 제안일 뿐 다른 실을 사용해도 무방합니다. 서로 다른 소재를 조합해보세요. 예를 들어 알파카와 면은 훌륭한 조합이에요. 다만 이렇게 한다면, 여러분이 조합한 실이 이 책에서 원래 사용한 실의 두께와 반드시 같아야 합니다. 책에 수록된 완성작품 크기와 최대한 비슷하게 뜨고 싶다면, 게이지 스와치를 만들어서 책에 기재된 게이지와 비교해보세요.

도구

코바늘뜨기는 단 하나의 도구, 바로 코바늘만 있으면 되기 때문에 어디든 쉽게 가지고 다니면서 뜰 수 있어요. 코바늘은 보통 플라스틱이나 나무, 금속으로 만들어지고, 원한다면 여러분만의 것을 깎아서 만들 수도 있어요. 여러분에게 가장 잘 맞는 코바늘을 찾기 위해 여러 회사의 다양한 제품을 사용해보세요. 특히 손잡이에 주목해주세요. 예를 들어 금속 코바늘에 플라스틱 손잡이는 보다 인체공학적이고 사용하는 재미가 있을 거예요. 이 책에 실린 작품을 완성하는 데 필요한 다른 도구들은 가위와 줄자, 돗바늘입니다.

코바늘을 잡는 방법

선택할 수 있는 코바늘의 종류는 아주 많지만, 코바늘을 잡는 방법은 딱 두 가지예요. 그건 바로, 연필을 잡듯이 잡는 방법과 나이프를 잡듯이 잡는 방법입니다. 연필을 잡듯이 잡으면 코바늘을 좀 더 가볍게 잡게 되는데, 코바늘이 7mm 이상이면 나이프를 잡듯이 잡는 방법을 추천합니다. 이렇게 잡으면 손목에 무리가 가지 않고 무거운 것도 몇 시간 동안 뜰 수 있답니다.

시작하기

코바늘뜨기는 보통 매듭을 만드는 것으로 시작합니다. 그런 다음, 계속해서 시작 사슬코나 기둥 사슬코를 뜨고, 도안에 표시된 수만큼 사슬코를 만들어주세요. 실끝은 편물 사이에 꿰어서 숨길 수 있을 만큼 길게 남겨두는 것을 항상 기억하세요. 코바늘뜨기를 시작하는 또 다른 방법은 손가락에 실을 감아 매직링을 만들어서 원형으로 뜨는 거예요. 스마일 숄더백의 사각형 모티브를 이러한 방법으로 만듭니다.

로이바 매트처럼 각 단마다 빼뜨기로 연결해 마무리를 하며 원통으로 뜨는 경우에는 시작 사슬코의 콧수에 세심한 주의를 기울여주세요. 단을 마무리한 다음 콧수를 수정하기란 불가능해요. 반면에 알토 러그를 만들 때와 같이 왕복하며 짧은뜨기로 뜰 때는, 시작 사슬코의 코를 너무 많이 뜬 경우에도 필요 없는 코들을 쉽게 없앨 수 있어요. 매듭을 풀어서 더 많이 뜬 콧수만큼 당겨주기만 하면 돼요. 또한 몇 코를 빠뜨렸을 경우에 기초 사슬코의 시작 부분에 몇 코를 더할 수도 있어요. 이럴 때 실끝을 길게 남겨두었다면 유용할 거예요.

무늬 반복

이 책에서 소개하는 많은 디자인은 무늬 반복으로 이루어져 있어요. 무늬 반복은 블록을 쌓는 것과 같아서, 여러분이 원하는 작품 크기에 따라 무늬를 몇 번 생략할 수도 혹은 더해줄 수도 있어요. 무늬를 반복하는 이유는 무늬가 작품 전체에 균일하게 이어지도록 하기 위해서예요. 반복되는 무늬의 크기는 해당 작품 설명에 기재되어 있으며, 작품을 좀 더 크거나 작게 만들고 싶다면 무늬 반복에 나와 있는 콧수에서 몇 코를 생략하거나 더해주기만 하면 됩니다.

기법

이 책에서 가장 많이 사용되는 기법은 짧은뜨기, 한길긴뜨기, 빼뜨기입니다.

짧은뜨기는 왕복하며 뜨거나 나선형으로 뜰 수 있으며, 또한 바수 바구니에서처럼 메리야스뜨기로도 뜰 수 있어요. 이 책에 실린 다수의 러그는 짧은뜨기를 왕복하여 만들기 때문에, 코들이 세로로 가지런한 표면이 만들어집니다. 나선형으로

짧은뜨기를 뜨는 경우에는 비스듬한 무늬가 만들어질 거예요. 메리야스뜨기는 나선형으로만 뜰 수 있지만, 코의 구조로 인해 일직선의 무늬가 만들어질 거예요. 그 밖에, 제가 이전 책들에서 소개한 앞이랑뜨기 기법도 있어요. 기하학적인 무늬가 만들어지는 이 기법은 나선형으로 뜨되 코의 앞 반코에만 짧은뜨기를 떠주면 됩니다. 이렇게 뜨면 무늬를 일직선으로 유지할 수 있습니다.

반면 한길긴뜨기는 왕복으로 떠도, 나선형으로 떠도 코들이 일렬로 나란할 거예요. 빼뜨기는 마무리하거나 솔기를 연결할 때, 다시 말해 편물의 가장자리를 보강하고 부분 편물들을 서로 이어줄 때 사용할 수 있습니다.

주의할 점은 뜨개질을 할 때 장력이 개인마다 다르며, 이것이 결과물에 영향을 미칠 수 있다는 거예요. 코바늘의 앞쪽에서부터 실을 감는 것은 코바늘의 뒤쪽에서부터 실을 감는 것과는 다른 모양의 표면을 만들어냅니다. 왼손잡이인지 오른손잡이인지 역시 완성된 작품에 영향을 미칠 수 있어요.

작품의 크기는 사용하는 실과 기법의 종류에 따라 달라져요. 이 책에 실린 대부분의 러그는 굵은 실을 가지고 짧은뜨기로 떴지만, 만약 여러분이 더 가는 실을 선택한다면 사용하는 기법도 바꿀 수 있습니다. 짧은뜨기 한 코마다 한길긴뜨기 두 코씩을 떠서 짧은뜨기 무늬를 한길긴뜨기 무늬로 바꿀 수도 있어요. 이렇게 뜨면 작품의 크기 역시 가로세로 각각 두 배가 될 거예요. 반대의 경우도 가능해요. 한길긴뜨기 한 단마다 짧은뜨기를 두 단씩 뜨는 거예요. 로이바 매트의 무늬를 이용해서 만든 로이바 쿠션이 이런 대체의 좋은 예입니다.

배색뜨기

다양한 색으로 코바늘뜨기를 할 때 당장 사용하지 않는 나머지 실들을 코의 안쪽에 넣어가면서 뜨면, 보기만 해도 기분이 좋아지는 다채로운 작품을 만들 수 있어요. 최대 5~6가지 서로 다른 색을 사용할 수 있어요. 무늬에 따라 색을 교체하고, 짧은뜨기나 한길긴뜨기로 뜨면 됩니다. 배색뜨기를 할 때는 언제나 코바늘에 마지막으로 실을 걸 때 실의 색을 바꿔주세요.. 실을 잡는 장력에 세심한 주의를 기울여야 한다는 점을 꼭 기억하세요. 모든 배색뜨기는 코의 안쪽에 넣어 뜨는 실들이 편물의 겉면에서는 보이지 않을 정도로 촘촘하게 떠야 하므로 최대한 작은 코바늘을 사용해주세요.

실을 다 썼을 때

작품을 만드는 도중 실을 다 썼을 경우, 쓰던 실과 새로운 실을 함께 묶고 꿰어서 숨길 수 있도록 실끝을 10cm 정도 남겨주세요. 원한다면 실끝을 코 속으로 꿰어주세요. 폴쿠 러그를 만들 때 사용하는 마틸다 실처럼 두꺼운 실을 사용하는 경우에는 새로운 실로 15cm 정도 코를 함께 떠주세요. 그러면 실들을 서로 묶을 필요 없이 새로운 실로 교체되고, 실끝 15cm 정도를 콧속으로 꿰어준 셈이 됩니다.

마무리

코바늘뜨기 기법에 따라 마무리 방법도 달라야 해요. 저는 보통 러그의 내구성을 위해 양쪽 끝에 빼뜨기 단을 뜹니다. 이렇게 하면 러그의 끝이 안으로 말리는 것도 방지할 수 있어요. 하지만 끝이 안으로 말리는 걸 막는 가장 좋은 방법은 편물 뒷면에 면 테이프를 꿰매어주는 거예요. 가방과 바구니의 가장자리 역시 빼뜨기 단으로 마무리합니다. 한길긴뜨기로 뜬 작품의 경우에는 짧은뜨기 단으로 가장자리를 보강하는 방법을 선호해요. 예를 들어 스마일 숄더백을 만들 때는 짧은뜨기로 여러 단을 떠서 가장자리를 만든 다음 반으로 접어줄 거예요.

또한 완성된 작품을 블로킹하고 가볍게 스팀을 쐬어줄 수도 있어요. 그러나 다리미의 열로 인해 코들이 납작해질 수도 있으므로 다림질은 추천하지 않아요. 러그는 스팀을 쐬어주거나 블로킹을 할 필요가 없지만, 만약 러그의 가장자리가 구불구불해 보인다면, 코들이 제자리를 찾아가도록 친구와 서로 마주 보고 러그를 세게 당겨주세요.

수정

이 책에 실린 무늬들은 다양한 방식으로 응용할 수 있습니다. 사이즈를 수정하고 색이나 소재를 바꿔줄 수도 있어요. 여러분이 계획하고 있는 작업에 가장 잘 어울리는 무늬를 골라보세요. 예를 들면 러그의 경우 좀 더 크고 대담한 무늬를 선택할 수 있어요. 작업을 시작할 때 주저하지 말고 자유롭게 무늬를 선택하세요. 두꺼운 합사, 즉 트와인 대신 얇은 면사를 선택한다면, 러그의 디자인을 가방으로 만들 수도 있어요. 이 책에 실린 대부분의 디자인은 나선형으로 뜨거나 왕복하며 뜰 수 있어요. 뜨개 기법을 다르게 선택하면 무늬를 더 크게도, 더 작게도 만들 수 있어요. 이에 관해서는 기법을 설명하는 부분에서 좀 더 자세히 다루었습니다.

브랜딩

여러분이 완성한 코바늘뜨기 작품은 반드시 만든 사람을 드러내야 해요. 자신감을 가지고 여러분만의 것으로 만들어보세요! 개성을 드러내는 색채 조합으로 표현하거나, 독특한 손잡이와 잠금장치, 로고, 안감을 달아 꾸며주세요. 이 책에서는 작업물들이 디자이너의 특별한 작품으로 보일 수 있도록 저만의 둥근 가죽 로고를 작품마다 꿰매어주었습니다. 손잡이의 경우는 염색하지 않고 자연스럽게 태닝한 가죽을 선택했어요. 금속 자물쇠와 기타 잠금장치는 크롬 색상으로 통일했어요(전 세계를 여행하면서 모은 것들이에요). 그러나 제 브랜드임을 나타내는 가장 중요한 표시는 모든 작품을 현지에서 제 손으로 직접 만들었다는 점입니다.

코바늘뜨기 기법

원형뜨기 편물을 단마다 뒤집어가며 왕복뜨기하는 것은 단뜨기(평면뜨기, 평뜨기)이며, 편물을 뒤집지 않고 크기를 늘려가며 뜨는 것은 원형뜨기, 가방이나 스웨터의 몸판처럼 원통 모양으로 떠 올라가는 것은 원통뜨기라고 합니다. 원형뜨기와 원통뜨기의 각 단 끝에서 빼뜨기로 연결해 뜨기도 하고, 빼뜨기하지 않고 나선형으로 뜨기도 합니다.

사슬뜨기 대부분의 코바늘뜨기 패턴은 매듭을 만든 다음 사슬뜨기를 뜨는 것으로 시작합니다.

실 걸기 코바늘의 뒤쪽에서부터 코바늘에 실을 감아주세요.

짧은뜨기 코바늘을 코에 넣고, 코바늘에 실을 걸어서 편물의 앞쪽으로 당기고, 코바늘에 실을 걸고 코바늘에 걸려 있는 두 개의 고리에 통과시켜주세요.

메리야스뜨기 코바늘을 이전 단 코의 중앙에 넣고, 코바늘에 실을 걸어서 편물의 앞쪽으로 당기고, 코바늘에 실을 걸고 코바늘에 걸려 있는 두 개의 고리에 통과시켜주세요. 메리야스뜨기는 짧은뜨기지만, 좀 더 탄탄하답니다. 메리야스뜨기는 원통뜨기로만 뜰 수 있어요.

한길긴뜨기 기둥코 코바늘에 걸려 있는 고리를 느슨하게 늘리고, 고리의 위를 손가락으로 누른 상태에서, 코바늘로 고리를 앞쪽에서부터 감아준 다음, 코바늘에 실을 걸고 코바늘에 걸려 있는 첫 번째 고리에 통과시켜주세요. 그런 다음, 코바늘을 시작코(단이 바뀌는 경우라면 빼뜨기 코)에 넣고, 코바늘에 실을 걸어서 편물 앞쪽으로 당기고, 코바늘에 실을 걸고 두 개의 고리에 통과시키고, 코바늘에 실을 걸고 두 개의 고리에 통과시켜주세요. 한길긴뜨기 기둥코는 한길긴뜨기 코와 비슷합니다.

한길긴뜨기 코바늘에 실을 걸고, 코바늘을 코에 넣고, 코바늘에 실을 걸어서 편물 앞쪽으로 당기고, 코바늘에 실을 걸고 두 개의 고리에 통과시키고, 코바늘에 실을 걸고 두 개의 고리에 통과시켜주세요.

긴뜨기 코바늘에 실을 걸고, 코바늘을 코에 넣고, 코바늘에 실을 걸어서 편물의 앞쪽으로 당기고, 코바늘에 실을 걸고 세 개의 고리에 통과시켜주세요.

두길긴뜨기 코바늘에 실을 두 번 걸고, 코바늘을 코에 넣고, 코바늘에 실을 걸어서 편물 앞쪽으로 당기고, 코바늘에 실을 걸고 두 개의 고리에 통과시키고, 코바늘에 실을 걸고 두 개의 고리에 통과시키고, 코바늘에 실을 걸고 두 개의 고리에 통과시켜주세요.

세길긴뜨기 코바늘에 실을 세 번 걸고, 코바늘을 코에 넣고, 코바늘에 실을 걸어서 편물의 앞쪽으로 당기고, 코바늘에 실을 걸고 두 개의 고리에 통과시키고, 코바늘에 실을 걸고 두 개의 고리에 통과시키고, 코바늘에 실을 걸고 두 개의 고리에 통과시키고, 코바늘에 실을 걸고 두 개의 고리에 통과시켜주세요.

팝콘뜨기 다음 코에 한길긴뜨기 6코를 뜨고, 고리에서 코바늘을 빼고, 팝콘뜨기의 첫 번째 한길긴뜨기 코 아래에 코바늘을 넣고, 팝콘뜨기의 마지막 한길긴뜨기의 고리를 당겨서 코에 통과시켜주세요. 반드시 팝콘 모양이 편물 앞쪽에 생겨야 합니다.

구슬뜨기 코바늘에 실을 걸고, 코바늘을 다음 코에 넣고, 코바늘에 실을 걸고 편물의 앞쪽으로 실 고리가 1cm 길이가 되도록 당기고, 동일한 과정을 총 6회 반복한 다음, 코바늘에 실을 걸고 모든 고리를 위쪽에서 한꺼번에 바짝 당겨주세요. 실 고리들이 편물에서 부드러운 둥근 구슬 모양이 될 거예요.

빼뜨기 코바늘을 코에 넣고, 코바늘에 실을 걸어서 편물 앞쪽으로 당긴 다음, 그 고리를 코바늘에 걸린 모든 고리에 통과시켜주세요. 빼뜨기는 단을 끝내고 가장자리를 마무리할 때 사용됩니다.

모든 기법은 코머리의 실 두 가닥에 떠주세요(메리야스뜨기는 예외).

여러 가지 색으로 코바늘뜨기를 하는 경우, 바꾸기 전 색상 실로 뜨다가 마지막으로 코바늘에 실을 걸어줄 때 실의 색을 바꿔주세요.

Kontti

콘티

이사는 정말이지 괴로운 일이에요. 수납장과 선반에 실이 가득하다면 더더욱 그렇죠. 몇 년 전 세계를 탐험하기로 결심했을 때, 저는 실에 파묻힌 상태였어요. 그 실을 모두 보관함에 넣기란 불가능했답니다.

어쩌면 그때, 여기에서 소개하는 큰 상자들을 코바늘뜨기로 만들었다면 남은 실들을 보관할 수도 있었겠죠. 그렇지만 삶의 다른 부분들과 마찬가지로 코바늘뜨기 역시 시간이 지나면 자연스럽게 변하고 새로워진다고 느낍니다.

콘티 상자

크기	너비 26cm, 높이 14cm, 옆면 폭 20cm
실	란카바 필로나 주트 코드(100% 황마, 500g 1볼=225m) 분홍색 600g
코바늘	5mm(모사용 8호)
게이지	짧은뜨기 6코×원통 6단=5×5cm

개요

콘티 상자는 짧은뜨기로 기초 사슬코 둘레를 돌아가며 원형뜨기로 뜨기 시작한다. 각 단마다 네 개의 모서리 모두에서 콧수를 늘려 편물이 이음매 없이 커질 수 있도록 한다. 원형뜨기로 바닥을 완성한 다음에는 원통뜨기로 떠 올라간다. 상자와 뚜껑을 각각 따로 만든다.

만드는 법

상자

먼저 사슬뜨기로 8코를 뜬다.

원형 1단. 코바늘에서 두 번째 코에 짧은뜨기 3코. 다음 5코에 짧은뜨기 1코씩, 마지막 코에 짧은뜨기 3코. 편물을 돌리고 기초 사슬코의 나머지 한쪽에 뜨기. 다음 5코에 짧은뜨기 1코씩, 계속해서 두 번째 원형 단을 나선형으로 뜬다.

원형 2단. 첫 번째 코에 짧은뜨기 3코, 짧은뜨기 1코, 다음 코에 짧은뜨기 3코. 다음 5코에 짧은뜨기 1코씩, 다음 코에 짧은뜨기 3코, 짧은뜨기 1코, 다음 코에 짧은뜨기 3코, 다음 5코에 짧은뜨기 1코씩.

원형 3단. 짧은뜨기 1코, 모서리 코에 짧은뜨기 3코, 다음 3코에 짧은뜨기 1코씩, 모서리 코에 짧은뜨기 3코, 다음 7코에 짧은뜨기 1코씩, 모서리 코에 짧은뜨기 3코, 다음 3코에 짧은뜨기 1코씩, 모서리 코에 짧은뜨기 3코, 다음 6코에 짧은뜨기 1코씩.

원형 4~12단. 계속해서 동일한 방법으로 뜨기, 모든 모서리에서 짧은뜨기 3코, 다른 코들에는 짧은뜨기 1코.

원통 13단. 짧은뜨기 2코 모아뜨기(코줄이기), 모서리 코에 짧은뜨기 1코, 다음 짧은뜨기 2코 모아뜨기, 다음 19코에 짧은뜨기 1코씩, 다음 짧은뜨기 2코 모아뜨기, 모서리 코에 짧은뜨기 1코, 짧은뜨기 2코 모아뜨기, 다음 23코에 짧은뜨기 1코씩, 짧은뜨기 2코 모아뜨기, 모서리 코에 짧은뜨기 1코, 짧은뜨기 2코 모아뜨기, 다음 19코에 짧은뜨기 1코씩, 짧은뜨기 2코 모아뜨기, 모서리 코에 짧은뜨기 1코, 짧은뜨기 2코 모아뜨기, 다음 23코에 짧은뜨기 1코씩.

원통 14~25단. 각 코에 짧은뜨기 1코씩.

편물의 위쪽 가장자리에 빼뜨기 단을 뜬다. 실을 자르고 실끝을 정리한다.

뚜껑

상자의 원형 1~12단과 동일하게 뜬다.

원형 13단. 원형 12단과 동일한 방식으로 뜨기. 뚜껑이 본체보다 한 단 더 크다.

원통 14단. 짧은뜨기 2코 모아뜨기(코줄이기), 모서리에 짧은뜨기 1코, 다음 짧은뜨기 2코 모아뜨기, 다음 21코에 짧은뜨기 1코씩, 짧은뜨기 2코 모아뜨기, 모서리에 짧은뜨기 1코, 짧은뜨기 2코 모아뜨기. 다음 25코에 짧은뜨기 1코씩, 짧은뜨기 2코 모아뜨기, 모서리에 짧은뜨기 1코, 짧은뜨기 2코 모아뜨기, 다음 21코에 짧은뜨기 1코씩, 짧은뜨기 2코 모아뜨기, 모서리에 짧은뜨기 1코, 짧은뜨기 2코 모아뜨기, 다음 25코에 짧은뜨기 1코씩. 이 단의 끝에서, 첫 번째 짧은뜨기 코를 건너뛰고 계속해서 새로운 단을 뜬다.

원통 15~17단. 각 코에 짧은뜨기 1코.

편물의 위쪽 가장자리에 빼뜨기 단을 뜬다. 실을 자르고 실끝을 정리한다.

콘티

도안, 상자

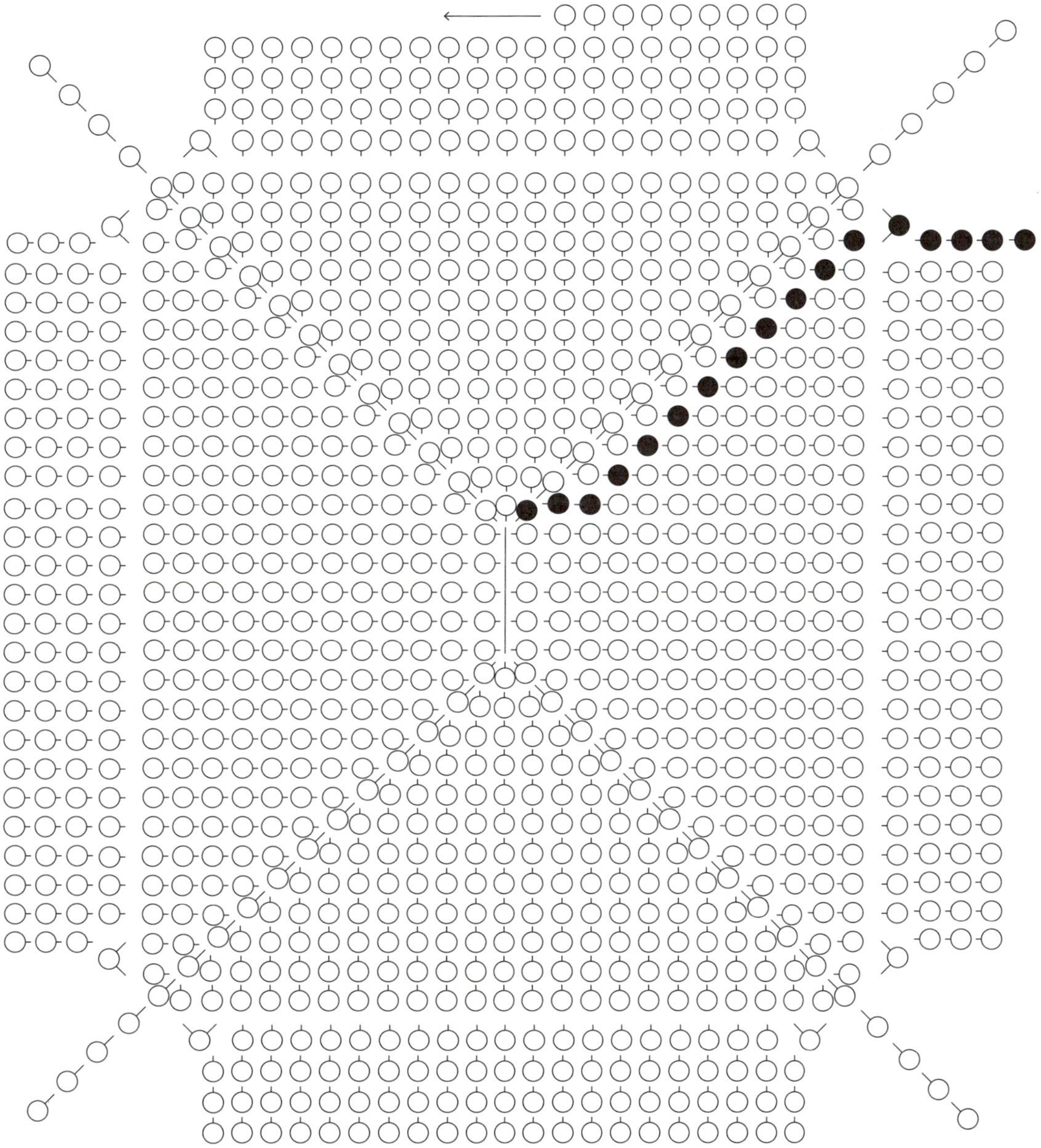

Mansikka

만시카

어머니는 제 기억이 닿는 오랜 시간 동안 정원에서 딸기를 키웠어요. 우리 형제들이 새와 고양이들과 함께 실컷 먹고 나면 남은 딸기로는 딸기주스와 잼을 만들어주셨죠. 우리는 근처 목초지에서 산딸기를 따기도 했답니다. 저는 자라면서 핀란드 딸기의 그 친숙한 맛을 너무 좋아하게 되어서인지 외국에 나가도 현지의 딸기는 사지 못하고, 대신 다른 과일들을 사곤 한답니다.

딸기나무에서는 하얀색 꽃잎을 가진 아름다운 꽃들이 피어나죠. 저는 그 꽃들을 만시카 포셰트에 코바늘로 떠주었습니다. 만시카는 핀란드어로 딸기를 의미해요. 이 디자인을 보면 탐스러운 딸기 꽃이 떠오를지 궁금하네요.

만시카 포셰트

크기	너비 15cm, 높이 18cm
실	자투리 실, 베이지색 면사 100g, 흰색·노란색 울사 각각 50g
코바늘	1.75mm(레이스용 0호)
게이지	한길긴뜨기 18코×원통 8단=5×5cm
기타	얇은 가죽끈 70cm, 스냅후크 2개

개요

이 가방은 한길긴뜨기, 팝콘뜨기, 구슬뜨기로 각 단마다 빼뜨기로 연결하며 원통으로 뜨고, 작품 전체를 뜨는 동안 당장 사용하지 않는 나머지 실은 코 안에 넣어가며 같이 뜬다. 코의 안쪽으로 가져가는 실은 바짝 당기지 않고 느슨하게 유지해야 한다. 코를 뜨면서 마지막으로 코바늘에 실을 걸 때 실의 색을 바꾼다.

만드는 법

먼저 베이지색 실로 사슬뜨기 47코를 뜬다.

원통 1단. 코바늘에서 네 번째 코에 한길긴뜨기 2코. 당장 사용하지 않는 나머지 실들은 코 안에 넣어가며 같이 뜬다. 다음 42코에 한길긴뜨기 1코씩. 마지막 코에 한길긴뜨기 6코, 편물을 돌리고 기초 사슬코의 나머지 한쪽에 계속 뜨기. 다음 42코에 한길긴뜨기 1코씩. 시작코에 한길긴뜨기 3코를 뜨고, 빼뜨기로 단을 연결한다. 한길긴뜨기 총 96코.

원통 2단. 한길긴뜨기 기둥코를 뜨고, 당장 사용하지 않는 나머지 실들은 코 안에 넣어가며 같이 뜬다. 각 코에 한길긴뜨기 1코씩 뜨고, 빼뜨기로 단을 연결한다.

원통 3단. 한길긴뜨기 기둥코를 뜨고, 당장 사용하지 않는 나머지 실들은 코 안에 넣어가며 같이 뜬다. 한길긴뜨기 4코, 코바늘에 마지막으로 실을 걸 때 흰색 실로 교체. 팝콘뜨기—다음 코에 한길긴뜨기 6코(코바늘에 마지막으로 실을 걸 때 베이지색 실로 교체), 고리에서 코바늘 빼기, 팝콘뜨기의 첫 번째 한길긴뜨기 코 아래에 코바늘 넣기, 팝콘뜨기의 마지막 한길긴뜨기의 실 고리를 당겨서 코에 통과시키기. 팝콘 모양이 반드시 편물 겉쪽에 만들어져야 해요! 손가락으로 팝콘 모양을 부드럽게 밀어주세요. 베이지색 실로 한길긴뜨기 1코, 흰색 실로 팝콘뜨기 1코. *베이지색 실로 한길긴뜨기 9코, 흰색 실로 팝콘뜨기 1코, 베이지색 실로 한길긴뜨기 1코, 흰색 실로 팝콘뜨기 1코*, *–* 단 전체에서 총 7회 반복. 베이지색 실로 한길긴뜨기 4코를 뜨고, 빼뜨기로 단을 연결한다.

한길긴뜨기 총 96코로, 무늬가 8회 반복된다. 반복되는 무늬 하나의 크기는 너비 한길긴뜨기 12코, 높이 원통 8단이다.

원통 4단. 한길긴뜨기 기둥코를 뜨고, 당장 사용하지 않는 나머지 실들은 코 안에 넣어가며 같이 뜬다. 한길긴뜨기 3코, 코바늘에 마지막으로 실을 걸 때 흰색 실로 교체. 팝콘뜨기 1코, 코바늘에 마지막으로 실을 걸 때 노란색 실로 교체, 한길긴뜨기 1코. 구슬뜨기—*코바늘에 실을 걸고 당겨서, 다음 코에 코바늘을 넣고, 실 고리가 1cm 길이가 되도록 당기기*, *–* 6회 반복한 다음, 코바늘에 실을 걸고 모든 고리를 통과해 한꺼번에 당기기. 한길긴뜨기 1코, 코바늘에 마지막으로 실을 걸 때 흰색 실로 교체, 팝콘뜨기 1개. 베이지색 실로 교체, 한길긴뜨기 7코. *흰색 실로 팝콘뜨기 1코, 노란색 실로 교체, 한길긴뜨기 1코, 구슬뜨기 1코, 한길긴뜨기 1코, 흰색 실로 교체, 팝콘뜨기 1코, 베이지색 실로 교체, 한길긴뜨기 7코*, *–*

단 전체에서 총 7회 반복. 베이지색 실로 한길긴뜨기 3코를 뜨고, 빼뜨기로 단을 연결한다.

원통 5단. 한길긴뜨기 기둥코를 뜨고, 당장 사용하지 않는 나머지 실들은 코 안에 넣어가며 같이 뜬다. 베이지색 실로 한길긴뜨기 4코, 다음 코에 한길긴뜨기 2코, 코바늘에 마지막으로 실을 걸 때 흰색 실로 교체. 팝콘뜨기 절반—다음 코에 한길긴뜨기 3코, 그다음 코에 한길긴뜨기 3코, 고리에서 코바늘 빼기, 팝콘뜨기의 첫 번째 한길긴뜨기 코 아래에 코바늘 넣기, 팝콘뜨기의 마지막 한길긴뜨기의 고리를 당겨서 코에 통과시키기. 베이지색 실로 한길긴뜨기 9코. *베이지색 실로 다음 코에 한길긴뜨기 2코, 흰색 실로 다음 2코에 팝콘뜨기 절반 1개, 베이지색 실로 한길긴뜨기 9코*, *–* 단 전체에서 총 7회 반복. 베이지색 실로 한길긴뜨기 4코를 뜨고, 빼뜨기로 단을 연결한다.

원통 6~26단. 총 원통 26단을 뜨는데(무늬를 세로로 3회 반복), 1~2단과 26단은 전체를 베이지색 실로 뜬다. 각 단마다 빼뜨기로 연결한다.

원통 27단. 흰색 실과 노란색 실을 자르고 실끝을 정리한다. 계속해서 베이지색 실로 뜬다. 사슬뜨기 1코, 각 코마다 짧은뜨기하고 빼뜨기로 연결한다. 이어서 덮개를 뜬다.

◯	사슬뜨기
〿	한길긴뜨기 기둥코
〒	한길긴뜨기
⸦⸦⸦	빼뜨기
⊕	팝콘뜨기, 한길긴뜨기 6코모아뜨기
●	구슬뜨기, 실을 6회 걸어서 모아뜨기
〼	코늘리기, 같은 코에 한길긴뜨기 2코 뜨기
⊕	팝콘뜨기 코줄이기, 한길긴뜨기 3코와 한길긴뜨기 3코를 모아뜨기
◯	짧은뜨기

만시카 도안

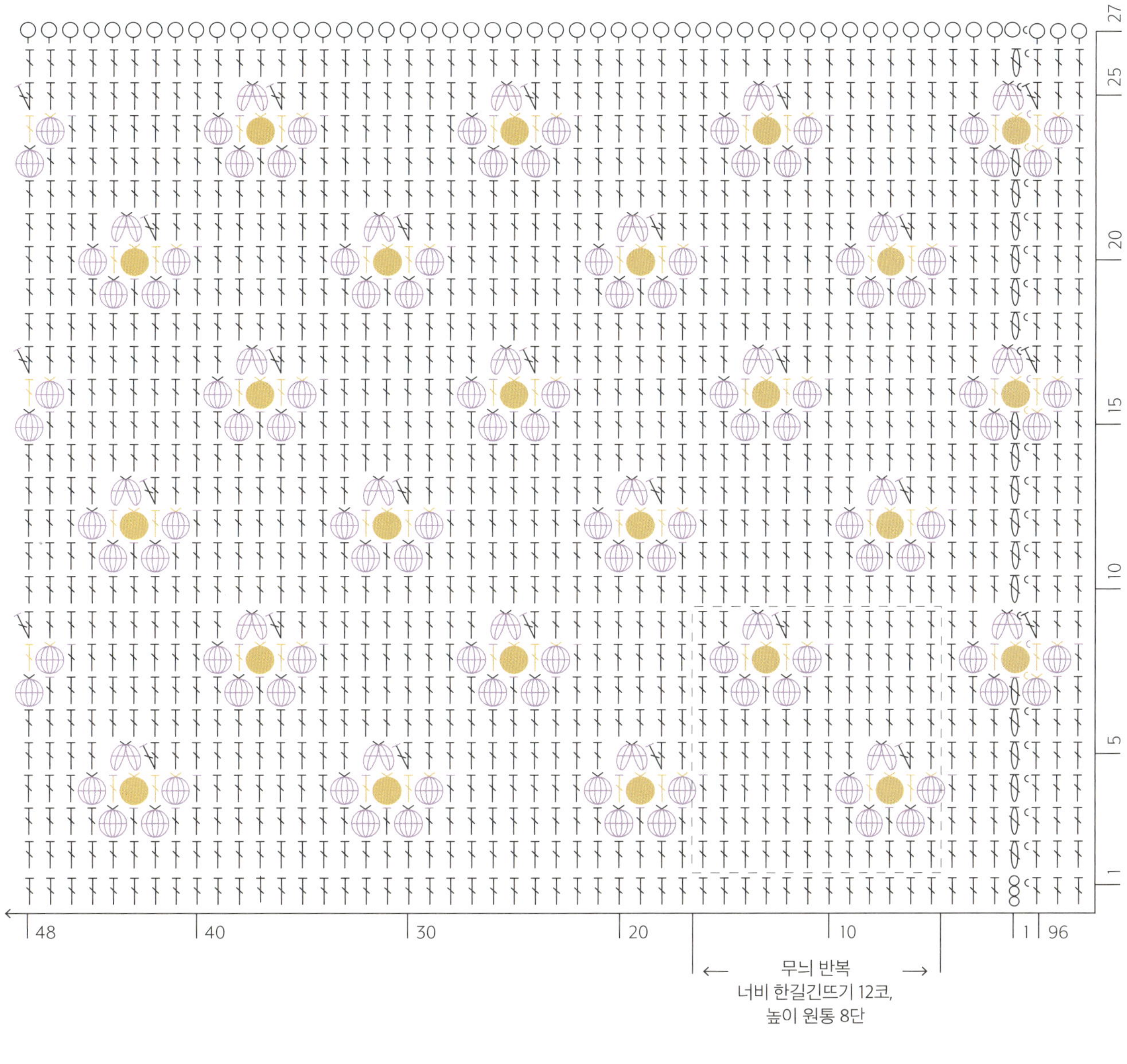

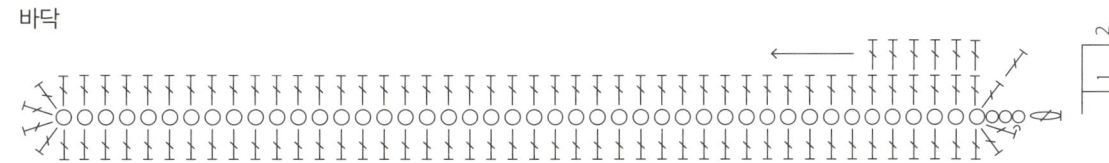

27
25
20
15
10
5
1

48   40   30   20   10   1 96

← 무늬 반복 →
너비 한길긴뜨기 12코,
높이 원통 8단

바닥

2
1
3

만시카 무늬, 도안 디테일

덮개

베이지색 실로 사슬뜨기 2코, 한길긴뜨기 43코를 뜬다. 편물을 뒤
집고 사슬뜨기 2코, 각 코에 한길긴뜨기 1코. 계속해서 동일한 방
식으로 총 12단을 뜬다. 위쪽 가장자리에 짧은뜨기 단을 뜨고, 실
을 자르고 실끝을 정리한다.
가죽 손잡이에 스냅후크를 연결하고, 알맞은 곳에 달아준다.

만시카 쿠션은 만시카 포세트의 도안을 따라 뜬다. 쿠션의 둘레는
한길긴뜨기 96코이고 높이는 원통 21단이다.

편물을 다 뜬 다음, 편물 안쪽으로 쿠션솜을 넣고, 짧은뜨기로 위쪽
솔기를 연결한다. 위쪽 솔기의 중앙에 가죽 손잡이를 단다.

크기 너비 50cm, 높이 50cm
실   란카바 무쿠 울(100% 울, 1kg 1볼=390m)
      연갈색 1kg, 흰색 600g, 주황색 200g
코바늘 7mm
게이지 한길긴뜨기 10코×원통 5단=10×10cm
기타   가죽끈, 50×50cm 쿠션솜

Kerho

케르호

모든 여행은 가져갈 가방을 고르는 것에서 시작되죠. 인도 델리로 가는 비행기를 기다리고 있던 그날은 정말이지 온몸이 얼어붙을 것처럼 추웠어요. 저는 친구가 떠준 무릎 위로 올라오는 울 양말도 신고 있었지만, 결국 저를 따뜻하게 한 건 등에 메고 있던 커다란 배낭이었어요. 꼭 필요한 것들만 챙겨 가려고 짐을 가볍게 쌌으니 정말로 저를 따뜻하게 해준 건 배낭 안에 들어 있는 물건들이라기보다는 배낭이 상징하는 흥분과 열린 마음, 그리고 열정이었죠.

만약 여러분도 변화가 일어나길 바란다면, 꼭 인도처럼 멀리 여행을 갈 필요는 없어요. 일상에서 단 며칠만 벗어나도 새로운 에너지를 잔뜩 얻을 수 있을 거예요. 케르호 더플백은 그런 여행에 완벽한 선택이 될 거예요. 이 가방은 어깨에 멜 수도 있고 등에 멜 수도 있답니다.

케르호 더플백

크기	너비 40cm, 높이 25cm
실	란카바 미니 튜브 얀(80% 재생 면, 20% 폴리에스테르, 1kg 1볼=335m) 주황색 1kg
	수오멘 란카 몰라 트와인 12-ply(100% 면, 500g 1볼=1280m) 갈색 150g
	수오멘 란카 리나 트와인 12-ply 흰색 소량 (네임태그용)
코바늘	5mm(모사용 8호)·2mm(모사용 2호, 네임태그용)
게이지	짧은뜨기 13코×13단=10×10cm
기타	지퍼 45cm, 면 리본 1m, 튼튼한 면끈 2.2m (손잡이용)·1.1m(어깨끈용) 스냅후크 2개, 금속 D링 2개, 45mm 버클

개요

케르호 더플백은 서로 다른 실 두 가닥을 한꺼번에 잡고 뜬다. 가방 본체는 짧은뜨기로 왕복뜨기하며, 두 개의 둥근 옆면은 짧은뜨기로 원형뜨기한다. 빼뜨기로 부분 편물들을 연결한다.

만드는 법

가방 본체, 직사각형

먼저 사슬뜨기로 51코를 뜨고, 빼뜨기 단을 위해 실끝을 4m 남겨 둔다.

1단. 코바늘에서 두 번째 코에 짧은뜨기 1코. 각 코에 짧은뜨기 1코 씩 뜨면, 1단은 총 50코.

2~102단. 사슬뜨기 1코를 뜨고, 이 코를 각 단의 첫 번째 짧은뜨기로 간주한다. 각 코에 짧은뜨기 1코.

편물의 양쪽 끝에 빼뜨기 단을 뜬다. 실을 자르고 실끝을 정리한다.

옆면, 원형

원형 1단. 손가락에 실을 감아 매직링을 만들고 실끝을 안쪽으로 넣어가며 짧은뜨기 8코를 뜬다. 단의 끝에서 실끝을 바짝 당겨 구멍을 조여준다. 단 경계가 보이지 않게 다음 단을 나선형으로 뜬다.

원형 2단. 각 코에 짧은뜨기 2코(짧은뜨기 총 16코).

원형 3단. 2번째 코마다 짧은뜨기 2코, 나머지 코들은 짧은뜨기 1코(짧은뜨기 총 24코).

원형 4단. 3번째 코마다 짧은뜨기 2코, 나머지 코들은 짧은뜨기 1코(짧은뜨기 총 32코).

원형 5단. 4번째 코마다 짧은뜨기 2코, 나머지 코들은 짧은뜨기 1코(짧은뜨기 총 40코).

원형 6단. 5번째 코마다 짧은뜨기 2코, 나머지 코들은 짧은뜨기 1코(짧은뜨기 총 48코).

원형 7단. 6번째 코마다 짧은뜨기 2코, 나머지 코들은 짧은뜨기 1코(짧은뜨기 총 56코).

원형 8단. 7번째 코마다 짧은뜨기 2코, 나머지 코들은 짧은뜨기 1코(짧은뜨기 총 64코).

원형 9단. 8번째 코마다 짧은뜨기 2코, 나머지 코들은 짧은뜨기 1코(짧은뜨기 총 72코).

원형 10단. 9번째 코마다 짧은뜨기 2코, 나머지 코들은 짧은뜨기 1코(짧은뜨기 총 80코).

원형 11단. 10번째 코마다 짧은뜨기 2코, 나머지 코들은 짧은뜨기 1코(짧은뜨기 총 88코).

원형 12단. 11번째 코마다 짧은뜨기 2코, 나머지 코들은 짧은뜨기 1코(짧은뜨기 총 96코).

원형 13단. 16번째 코마다 짧은뜨기 2코, 나머지 코들은 짧은뜨기 1코(짧은뜨기 총 102코).

원형 14단. 각 코에 짧은뜨기 1코.

빼뜨기 단을 위해 실끝을 4m 남겨둔다. 실을 자른다. 똑같은 편물을 하나 더 뜬다.

네임태그

먼저 사슬뜨기 48코를 뜨고, 빼뜨기로 연결해 원을 만든다.

원형 1단. 사슬뜨기 1코, 각 코에 짧은뜨기 1코. 빼뜨기로 단을 연결한다.

원형 2단. 같은 코에 사슬뜨기 3코와 한길긴뜨기 2코, 한길긴뜨기 1코, 짧은뜨기 12코, 한길긴뜨기 1코, 다음 코에 한길긴뜨기 5코, 한길긴뜨기 1코, 짧은뜨기 6코, 한길긴뜨기 1코, 다음 코에 한길긴뜨기 5코, 한길긴뜨기 1코, 짧은뜨기 12코, 한길긴뜨기 1코, 다음 코에 한길긴뜨기 5코, 한길긴뜨기 1코, 짧은뜨기 6코, 한길긴뜨기 1코, 시작코에 한길긴뜨기 2코. 빼뜨기로 단을 연결한다.

원형 3단. 사슬뜨기 1코, 같은 코에 짧은뜨기 1코, 다음 18코에 짧은뜨기 1코, 모서리 코에 짧은뜨기 3코, 다음 12코에 짧은뜨기 1코, 모서리 코에 짧은뜨기 3코, 다음 18코에 짧은뜨기 1코, 모서리 코에 짧은뜨기 3코, 다음 12코에 짧은뜨기 1코, 첫 번째 코에 짧은뜨기 1코. 빼뜨기로 단을 연결한다. 꿰맬 수 있도록 실끝을 1.5m 남겨둔다. 실을 자른다.

꿰매기

지퍼는 양쪽 끝에서 3cm씩 남겨두고, 편물의 안쪽에서 가방 위쪽 가장자리에 꿰맨다. 면 리본을 꿰매 달아 지퍼 시접을 가려준다.

편물의 겉쪽이 위를 향하도록 테이블에 놓고, 긴 손잡이(2.2m)의 위치를 표시한다. 손잡이는 양쪽 옆에서 10cm, 위아래에서 13단 떨어진 곳에 손바느질로 꿰맨다. 손잡이의 길이는 양쪽 각각 50cm이다(다음 페이지의 치수 참고).

네임태그는 가방의 겉쪽, 위에서 17단 떨어진 곳에 자리를 잡는다. 네임태그를 해당 위치에 손바느질로 꿰맨다.

그런 다음, 가방 본체와 옆면을 빼뜨기로 서로 연결한다. 본체와 옆면 모두 겉쪽이 밖을 향하도록 두고, 바닥에서부터 뜨기 시작한다. 한 바퀴를 다 뜨면, 실을 자르고 실끝을 정리한다. 나머지 옆면도 동일한 방식으로 연결한다.

스냅후크 한 개를 짧은 손잡이(1.1m)에 달아준 다음, 버클을 끼우고, 나머지 스냅후크를 연결한다. 그런 다음, 가방의 상단 양쪽 끝에 금속 링을 부착하고, 어깨끈을 걸어준다.

케르호

도안, 네임태그

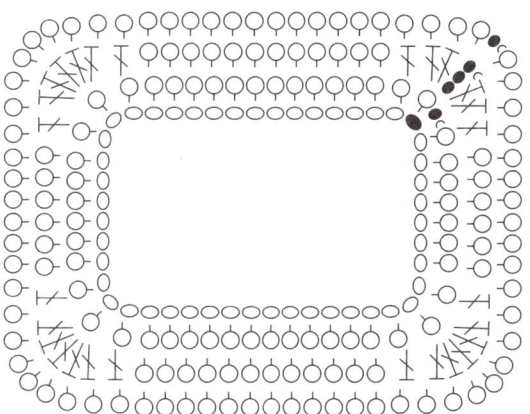

○	사슬뜨기
● ●	단의 첫 코
♀	짧은뜨기
十	한길긴뜨기
⊂	빼뜨기

케른호

치수 도안

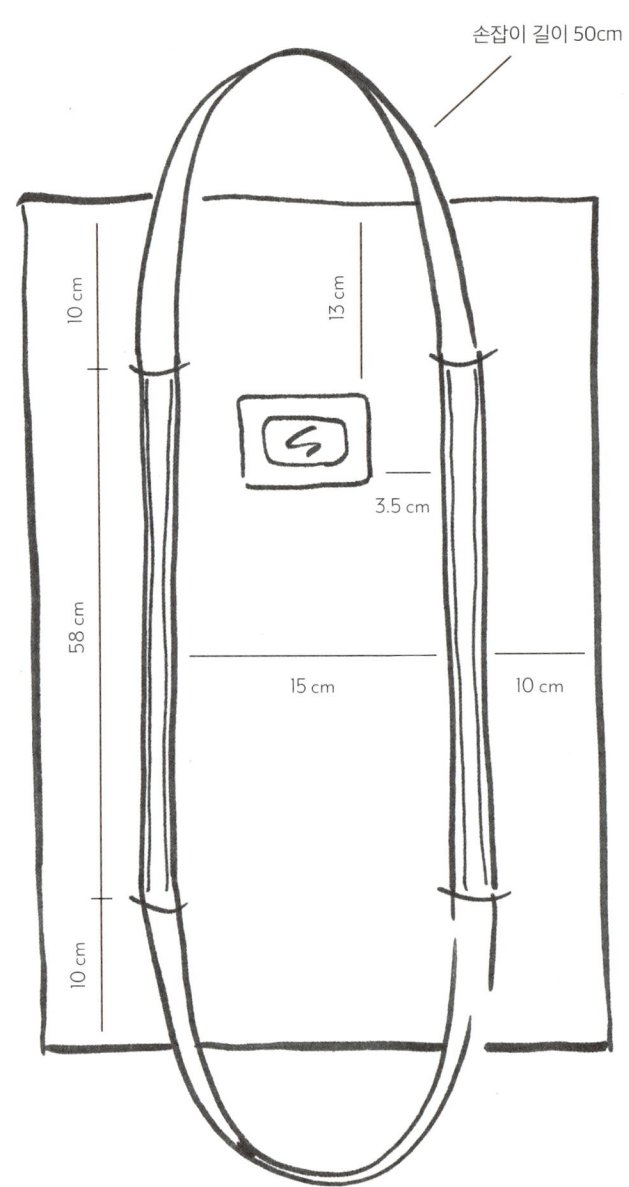

손잡이 길이 50cm

10 cm

13 cm

3.5 cm

58 cm

15 cm

10 cm

10 cm

긴 손잡이용 끈(2.2m)을 치수 도안대로 가방 본체의 위에 놓는다.
두꺼운 실로 손잡이를 제 위치에 꿰맨다.

Sol

솔

선바이저의 주황색 챙을 통해서 바라보면 모든 것이 훨씬 멋져 보여요. 주황색의 밝은 색상은 따뜻함을 발산하고 챙은 강한 햇살로부터 눈을 보호해주지만, 가장 중요한 점은 헤어밴드처럼 보이는 끈이 달린 이 바이저가 여러분을 멋지게 만들어준다는 거예요. 끈에 적혀 있는 문구 'Here comes the sun'은 역대 최고의 밴드 중 하나인 비틀스의 노래 가사를 인용한 거예요. 비틀스는 런던에서 가장 우울한 비가 오는 날에도 해는 뜬다고 이야기했죠.

햇살이 비치는 날만을 위해 이 바이저를 아껴두지 마세요. 트와인으로 만든 이 바이저는 모든 날씨와 콘서트, 페스티벌에 다 어울릴 거예요.

솔 바이저

크기	너비 4cm, 길이 65cm
실	수오멘 란카 리나 트와인 12-ply(100% 면, 500g 1볼=1280m) 검은색 50g, 흰색 50g
코바늘	1.75mm(레이스용 0호)
기타	플라스틱 바이저, 벨크로 5cm, 너비 3cm 면 리본 40cm

개요

선바이저의 끈은 짧은뜨기로 왕복하며 뜨고, 작품 전체를 뜨는 동안 당장 사용하지 않는 나머지 실은 코 안에 넣어가며 같이 뜬다. 코의 안쪽으로 가져가는 실은 바짝 당기지 않고 느슨하게 유지해야 한다. 실 고리가 편물의 겉쪽에서 보이지 않도록 각 단의 마지막 코에는 넣어 뜨지 않는다. 코를 뜨면서 마지막으로 코바늘에 실을 걸 때 실의 색을 바꾼다.

만드는 법

먼저 흰색 실로 사슬뜨기 13코를 뜬다.

1단. 코바늘에서 두 번째 코에 짧은뜨기 1코, 검은색 실을 코 안에 넣어가며 같이 뜬다. 각 코에 짧은뜨기 1코, 1단은 짧은뜨기 총 12코. 마지막 코는 검은색 실을 넣어 뜨지 않는다.

2~30단. 사슬뜨기 1코, 검은색 실을 코 안에 넣어가며 같이 뜬다. 각 코에 짧은뜨기 1코.

31단. 사슬뜨기 1코, 흰색 실로 짧은뜨기 1코, 코바늘에 마지막으로 실을 걸 때 검은색 실로 교체, 짧은뜨기 8코, 흰색 실로 교체, 짧은뜨기 2코.

32~166단. 도안을 따라 뜬다.

흰색 실로 30단 이상 더 뜨고, 작품 전체를 뜨는 동안 검은색 실은 코 안에 넣어가며 같이 뜬다. 실을 자르고 실끝을 정리한다.

꿰매기

플라스틱 바이저를 편물의 뒤쪽, 아래쪽 가장자리의 중앙에 놓는다. 두꺼운 재봉실로 바이저를 편물에 손바느질해 꿰매는데, 편물의 겉면에서는 바늘땀이 보이지 않아야 한다.

바이저를 꿰맨 이음매를 가리기 위해, 편물 뒷면에 손바느질로 면 리본을 꿰맨다. 탄성이 없는 면 리본이 편물보다 짧고 편물은 살짝 신축성이 있기 때문에 리본에 맞춰 꿰맨다.

벨크로 달 위치를 정하고, 사용자의 치수에 맞게 편물의 양쪽 끝에 벨크로를 꿰맨다.

솔 도안

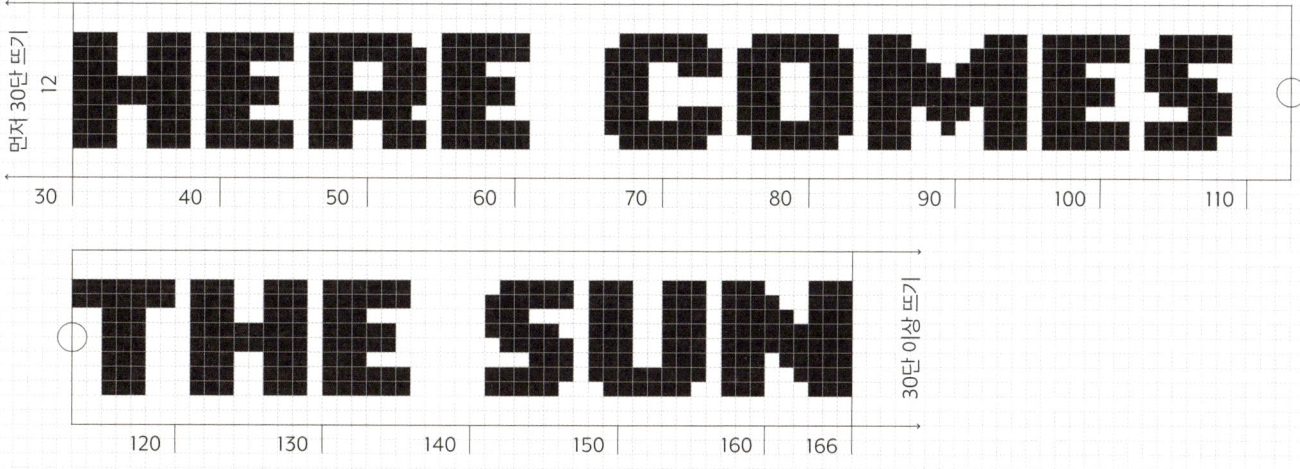

□ ■ 짧은뜨기

Kaunokki

카우노키

카우노키 러그는 최고의 컬러 테라피랍니다. 태양을 머금은 듯한 색조가 아름다운 분위기를 연출해줄 거예요. 색은 공간에 대한 우리의 감각과 기운, 분위기에 많은 영향을 미쳐요. 색은 우리가 어떤 공간에 들어갔을 때 가장 먼저 주의를 끌기 때문에 만약 여러분의 집에 강렬하고 화려한 색상의 무언가를 둔다면 사람들은 자신도 모르게 그 주위로 모여들 거예요.

저는 카우노키 러그를 만들면서 분홍색과 주황색이라는 두 가지 밝은 색상을 조합했었어요. 이 러그를 뜨면 여러분도 즉시 넘치는 활기를 느낄 수 있을 거예요. 검은색과 흰색으로 이 무늬를 만들어도 물론 멋지게 어울리겠지만, 저는 밝은색 조합을 추천해요. 무늬를 조정하면 러그뿐만 아니라 포스터로도 뜰 수 있답니다.

카우노키 러그

크기	너비 130cm, 길이 220cm
실	란카바 프로티 루피 크래프트 얀(80% 재생 실, 20% 폴리에스테르, 1.2kg 1볼=280m) 주 황색 4볼, 분홍색 4볼
코바늘	9mm
게이지	짧은뜨기 7코×7단=10×10cm

개요

이 러그는 짧은뜨기로 왕복하며 뜨고, 작품 전체를 뜨는 동안 당장 사용하지 않는 실은 코 안에 넣어가며 같이 뜬다. 코의 안쪽으로 가져가는 실은 바짝 당기지 않고 느슨하게 유지한 다. 실 고리가 편물의 겉쪽에서 보이지 않도록 각 단의 마지막 코에는 넣어 뜨지 않는다. 코를 뜨면서 마지막으로 코바늘에 실을 걸 때 실의 색을 바꾼다.

만드는 법

먼저 주황색 실로 사슬뜨기 95코를 뜨고, 빼뜨기 단을 위해 실끝을 8m 정도 남겨둔다.

1단. 코바늘에서 두 번째 코에 짧은뜨기 1코, 분홍색 실을 코 안에 넣어가며 같이 뜬다. 주황색 실로 짧은뜨기 15코, 마지막으로 코바늘에 실을 걸 때 분홍색 실로 교체. 분홍색 실로 짧은뜨기 2코, 주황색 실로 짧은뜨기 28코, 분홍색 실로 짧은뜨기 2코, 주황색 실로 짧은뜨기 28코, 분홍색 실로 짧은뜨기 2코, 주황색 실로 짧은뜨기 16코. 마지막 코에는 분홍색 실을 넣어 뜨지 않는다.

1단은 짧은뜨기 총 94코로, 무늬가 3회 반복되고 양옆에 짧은뜨기 2코가 있다. 반복되는 무늬 하나의 너비는 짧은뜨기 30코, 높이는 34단이다.

2~4단. 주황색 실로 사슬뜨기 1코를 뜨고, 이 코를 각 단의 첫 번째 짧은뜨기로 간주한다. 분홍색 실을 코 안에 넣어가며 같이 뜬다. 1단과 동일하게 뜬다.

5단. 주황색 실로 사슬뜨기 1코, 분홍색 실을 코 안에 넣어가며 같이 뜬다. 짧은뜨기 4코, 분홍색 실로 교체. *분홍색 실로 짧은뜨기 5코, 주황색 실로 짧은뜨기 6코, 분홍색 실로 짧은뜨기 2코, 주황색 실로 짧은뜨기 6코, 분홍색 실로 짧은뜨기 5코, 주황색 실로 짧은뜨기 6코*, 단의 끝까지 *-* 반복. 단의 끝에서는 주황색 실로 짧은뜨기 6코 대신 짧은뜨기 5코.

6단. 5단과 동일하게 뜬다.

7~142단. 도안을 따라 총 142단을 뜬다(무늬 세로로 4회 반복, 맨 아래 2단과 맨 위 4단은 무늬와 다르다).

주황색 실로 편물의 양쪽 끝에 빼뜨기 단을 뜬다. 실들을 자르고 실끝을 정리한다.

카우노키

도안

짧은뜨기

무늬 반복 / 너비 짧은뜨기 30코, 높이 34단

카우노키 무늬, 도안 디테일

○ ● 짧은뜨기

카우노키 무늬로 우아한 파우치도 만들 수 있다. 이 작고
가벼운 파우치는 리나 칼라란카 6-ply 흰색과 검은색 실로
만들었다. 편물을 같은 사이즈로 두 개 떠서 짧은뜨기로
3면을 잇고, 위쪽에 지퍼를 꿰매 달고 손잡이를 달아주면
파우치가 완성된다.

카우노키 포스터는 러그의 무늬를 조정해 뜬다.
짧은뜨기로 뜬 러그와는 달리 한길긴뜨기로 왕복하며 뜬다.
짧은뜨기 무늬를 한길긴뜨기 무늬로 바꾸는 방법은 짧은뜨기
1코마다 한길긴뜨기 2코를 뜨기만 하면 된다.

이 포스터의 크기는 너비 한길긴뜨기 188코×높이 108단이다.

크기   너비 75cm, 높이 95cm
실   수오멘 란카 리나 트와인 18-ply(100% 면, 500g 1볼=840m)
    검은색 300g, 흰색 600g
코바늘   2.25mm(모사용 1호)
게이지   한길긴뜨기 13코×6단=5×5cm

Leinikki

레이니키

아무리 많이 가져도 부족한 두 가지가 바로 꽃과 쿠션이에요. 독일에 살 때는 언제나 테이블에 싱싱한 꽃다발을 두었어요. 안마당에 들어앉은 아파트는 어둑어둑했지만 단돈 5유로로 온갖 색을 피워낼 수 있었지요. 그 싱싱한 꽃들은 사랑스러운 향기와 색으로 매일 아침 저의 감각을 일깨웠고, 마음을 편안하게 해주는 특별한 힘이 있었어요.

한편 쿠션은 여러분의 거실에서 커다란 장난감 블록과 같아요. 어떤 날에는 바쁜 일상에서 벗어나 쿠션 요새 속으로 숨고 싶은 기분이 들 때가 있어요. 그렇게 쿠션 요새에서 뜨개질을 할 때면 한쪽에 조그마한 틈을 만들어둔답니다. 실이 다 떨어졌을 때 실을 더 가져올 수 있도록 말이에요.

레이니키는 핀란드어로 미나리아재비를 뜻해요. 이 책에서 레이니키 쿠션은 검은색과 흰색으로 만들었지만, 풀밭에 핀 미나리아재비의 밝은 노란색으로 이 패턴을 뜨면 얼마나 근사한지 꼭 한번 떠보세요.

레이니키 쿠션

크기	지름 40cm
실	수오멘 란카 바르피 트와인(100% 면, 500g 1볼=500m) 검은색 300g, 흰색 100g
코바늘	3.5mm(모사용 6호)
게이지	한길긴뜨기 8코×원형 4단=5×5cm
기타	지름 40cm 원형 쿠션솜

개요

쿠션을 만들기 위해 원형뜨기로 육각형 편물을 두 개 뜬다. 각 단 끝은 빼뜨기로 연결한다. 앞면의 경우, 원형 4단부터 끝까지 사용하지 않는 실은 코 안에 넣어가며 뜬다. 뒷면은 검은색 실로만 뜬다. 두 개의 편물을 짧은뜨기로 서로 연결한다.

만드는 법

앞면

첫 세 단은 흰색 실로만 뜬다. 각 단의 끝은 빼뜨기로 연결한다.

원형 1단. 손가락에 실을 감아서 매직링을 만들고, 짧은뜨기로 연결한 다음, 사슬뜨기 2코. 실끝을 코 안에 넣어가며 매직링에 한길긴뜨기 17코. 빼뜨기로 단을 연결한다. 편물은 사슬 2코를 포함하여 한길긴뜨기 총 18코. 실끝을 당겨서 구멍을 조여준다.

원형 2단. 한길긴뜨기 기둥코를 뜨고, *다음 코에 한길긴뜨기 2코, 다음 코에 한길긴뜨기 2코, 한길긴뜨기 1코*, *-* 5회 반복. 다음 코에 한길긴뜨기 2코, 다음 코에 한길긴뜨기 2코 빼뜨기로 단을 연결한다(한길긴뜨기 총 30코).

원형 3단. 6개의 작은 잎. 한길긴뜨기 기둥코를 뜨고, *다음 코에 한길긴뜨기 2코, 다음 2코에 짧은뜨기 1코씩, 다음 코에 한길긴뜨기 2코, 한길긴뜨기 1코*, *-* 5회 반복. 다음 코에 한길긴뜨기 2코, 다음 2코에 짧은뜨기 1코씩, 다음 코에 한길긴뜨기 2코, 기둥코의 뒤 반코에 빼뜨기로 연결하면서 검은색 실로 교체한다. 마지막에 수를 놓을 수 있도록 검은색 실을 1.5m 정도 남겨둔다.

원형 4단. 검은색 실로 사슬뜨기 1코, 흰색 실은 코 안에 넣어가며 같이 뜬다. *다음 2코에 코머리(가장 위에 있는 V 모양 실 두 가닥)가 아닌 이전 단 한길긴뜨기 코의 뒤쪽에서 짧은뜨기 1코씩, 다음 1코는 코머리에 한길긴뜨기 2코, 사슬뜨기 1코, 다음 1코는 코머리에 한길긴뜨기 2코, 다음 3코는 이전 단 한길긴뜨기 코의 뒤쪽에서 짧은뜨기 1코씩*, *-* 5회 반복. 다음 2코에 이전 단 한길긴뜨기 코의 뒤쪽에서 짧은뜨기 1코씩, 다음 1코는 코머리에 한길긴뜨기 2코, 사슬뜨기 1코, 다음 1코도 코머리에 한길긴뜨기 2코, 다음 2코에 이전 단 한길긴뜨기 코의 뒤쪽에서 짧은뜨기 1코씩. 빼뜨기로 연결.

원형 5단. 검은색 실로 한길긴뜨기 기둥코를 뜨고, 흰색 실은 코 안에 넣어가며 같이 뜬다. *다음 4코에 한길긴뜨기 1코씩, 이전 단 사슬코에 한길긴뜨기 1코+사슬뜨기 1코+한길긴뜨기 1코, 다음 5코에 한길긴뜨기 1코씩*, *-* 5회 반복. 다음 4코에 한길긴뜨기 1코씩, 이전 단 사슬코에 한길긴뜨기 1코+사슬뜨기 1코+한길긴뜨기 1코, 다음 4코에 한길긴뜨기 1코씩. 빼뜨기로 연결. 검은색 꽃잎 하나의 너비는 한길긴뜨기 11코.

원형 6단. 검은색 실로 한길긴뜨기 기둥코를 뜨고, 흰색 실은 코 안에 넣어가며 같이 뜬다. *다음 5코에 한길긴뜨기 1코씩, 이전 단 사슬코에 한길긴뜨기 1코+사슬뜨기 1코+한길긴뜨기 1코, 다음 6코에 한길긴뜨기 1코씩*, *-* 5회 반복. 다음 5코에 한길긴뜨기 1코씩, 이전 단 사슬코에 한길긴뜨기 1코+사슬뜨기 1코+한길긴뜨기 1코, 다음 5코에 한길긴뜨기 1코씩. 빼뜨기로 연결. 검은색 꽃잎 하나의 너비는 한길긴뜨기 13코.

원형 7단. 검은색 실로 한길긴뜨기 기둥코를 뜨고, 흰색 실은 코 안에 넣어가며 같이 뜬다. *다음 6코에 한길긴뜨기 1코씩, 코바늘에 마지막으로 실을 걸 때 흰색 실로 교체, 이전 단 사슬코에 한길긴뜨기 1코+사슬뜨기 1코+한길긴뜨기 1코, 검은색 실로 교체, 다음 7코에 한길긴뜨기 1코씩*, *-* 5회 반복. 다음 6코에 한길긴뜨기 1코씩, 코바늘에 마지막으로 실을 걸 때 흰색 실로 교체, 이전 단의 사슬코에 한길긴뜨기 1코+사슬뜨기 1코+한길긴뜨기 1코, 검은색 실로 교체, 다음 6코에 한길긴뜨기 1코씩. 빼뜨기로 연결. 검은색 꽃잎 하나의 너비는 한길긴뜨기 13코.

원형 8단. 검은색 실로 한길긴뜨기 기둥코를 뜨고, 흰색 실을 코 안에 넣어가며 같이 뜬다. *다음 6코에 한길긴뜨기 1코씩, 코바늘에 마지막으로 실을 걸 때 흰색 실로 교체, 한길긴뜨기 1코, 이전 단 사슬코에 한길긴뜨기 1코+사슬뜨기 1코+한길긴뜨기 1코, 다음 코에 한길긴뜨기 1코, 검은색 실로 교체, 다음 7코에 한길긴뜨기 1코씩*, *-* 5회 반복. 다음 6코에 한길긴뜨기 1코씩, 코바늘에 마지막으로 실을 걸 때 흰색 실로 교체, 한길긴뜨기 1코, 이전 단 사슬코에 한길긴뜨기 1코+사슬뜨기 1코+한길긴뜨기 1코, 한길긴뜨기 1코, 검은색 실로 교체, 다음 6코에 한길긴뜨기 1코씩. 빼뜨기로 연결. 검은색 꽃잎 하나의 너비는 한길긴뜨기 13코.

원형 9단. 검은색 실로 한길긴뜨기 기둥코를 뜨고, 흰색 실을 코 안에 넣어가며 같이 뜬다. *다음 5코에 한길긴뜨기 1코씩, 코바늘에 마지막으로 실을 걸 때 흰색 실로 교체, 다음 3코에 한길긴뜨기 1코씩, 이전 단 사슬코에 한길긴뜨기 1코+사슬뜨기 1코+한길긴뜨기 1코, 다음 3코에 한길긴뜨기 1코씩, 검은색 실로 교체, 다음 6코에 한길긴뜨기 1코씩*, *-* 5회 반복. 다음 5코에 한길긴뜨기 1코씩, 코바늘에 마지막으로 실을 걸 때 흰색 실로 교체, 다음 3코에 한길긴뜨기 1코씩, 이전 단 사슬코에 한길긴뜨기 1코+사슬뜨기 1코+한길긴뜨기 1코, 다음 3코에 한길긴뜨기 1코씩, 검은색 실로 교체, 다음 5코에 한길긴뜨기 1코씩. 빼뜨기로 연결. 검은색 꽃잎 하나의 너비는 한길긴뜨기 11코.

원형 10단. 검은색 실로 한길긴뜨기 기둥코를 뜨고, 흰색 실을 코 안에 넣어가며 같이 뜬다. *다음 3코에 한길긴뜨기 1코씩, 코바늘에 마지막으로 실을 걸 때 흰색 실로 교체, 다음 6코에 한길긴뜨기 1코씩, 이전 단 사슬코에 한길긴뜨기 1코+사슬뜨기 1코+한길긴뜨기 1코, 다음 6코에 한길긴뜨기 1코씩, 검은색 실로 교체, 다음 4코에 한길긴뜨기 1코씩*, *-* 5회 반복. 다음 3코에 한길긴뜨기 1코씩, 코바늘에 마지막으로 실을 걸 때 흰색 실로 교체, 다음 6코에 한길긴뜨기 1코씩, 이전 단 사슬코에 한길긴뜨기 1코+사슬뜨기 1코+한길긴뜨기 1코, 다음 6코에 한길긴뜨기 1코씩, 검은색 실로 교체, 다음 3코에 한길긴뜨기 1코씩. 코바늘에 마지막으로 실을 걸 때 흰색 실로 교체하고 빼뜨기로 연결. 검은색 꽃잎 하나의 너비는 한길긴뜨기 7코.

원형 11단. 흰색 실로 한길긴뜨기 기둥코를 뜨고, 검은색 실을 코 안에 넣어가며 같이 뜬다. *다음 10코에 한길긴뜨기 1코씩, 코바늘에 마지막으로 실을 걸 때 검은색 실로 교체, 이전 단 사슬코에 한길긴뜨기 1코+사슬뜨기 1코+한길긴뜨기 1코, 흰색 실로 교체, 다음 11코에 한길긴뜨기 1코씩*, *-* 5회 반복. 다음 10코에 한길긴뜨기 1코씩, 코바늘에 마지막으로 실을 걸 때 검은색 실로 교체, 이전 단 사슬코에 한길긴뜨기 1코+사슬뜨기 1코+한길긴뜨기 1코, 흰색 실로 교체, 다음 10코에 한길긴뜨기 1코씩. 빼뜨기로 연결.

원형 12단. 흰색 실로 한길긴뜨기 기둥코를 뜨고, 검은색 실을 코 안에 넣어가며 같이 뜬다. *다음 9코에 한길긴뜨기 1코씩, 코바늘에 마지막으로 실을 걸 때 검은색 실로 교체, 다음 2코에 한길긴뜨기 1코씩, 이전 단 사슬코에 한길긴뜨기 1코+사슬뜨기 1코+한길긴뜨기 1코, 다음 2코에 한길긴뜨기 1코씩, 흰색 실로 교체, 다음 10코에 한길긴뜨기 1코씩*, *-* 5회 반복. 다음 9코에 한길긴뜨기 1코씩, 코바늘에 마지막으로 실을 걸 때 검은색 실로 교체, 다음 2코에 한길긴뜨기 1코씩, 이전 단 사슬코에 한길긴뜨기 1코+사슬뜨기 1코+한길긴뜨기 1코, 다음 2코에 한길긴뜨기 1코씩, 흰색 실로 교체, 다음 9코에 한길긴뜨기 1코씩. 코바늘에 마지막으로 실을 걸 때 검은색 실로 교체하고 빼뜨기로 연결. 마지막 두 단은 검은색 실로만 뜬다. 흰색 실을 자르고 실끝을 정리한다.

원형 13단. 한길긴뜨기 기둥코를 뜨고, 각 코에 한길긴뜨기 1코, 이전 단 사슬코마다 한길긴뜨기 1코+사슬뜨기 1코+한길긴뜨기 1코. 빼뜨기로 연결.

원형 14단. 한길긴뜨기 기둥코를 뜨고, 각 코에 한길긴뜨기 1코, 이전 단 사슬코마다 한길긴뜨기 1코. 빼뜨기로 연결(한길긴뜨기 총 168코).

뒷면

원형 1단. 검은색 실을 손가락에 실을 감아서 매직링을 만들고, 짧은뜨기로 연결한 다음, 사슬뜨기 2코. 실끝을 코 안에 넣어가며 매직링에 한길긴뜨기 17코. 빼뜨기로 단을 연결한다. 기둥코를 포함하여 총 18코. 실끝을 당겨서 구멍을 조여준다.

원형 2단. 한길긴뜨기 기둥코를 뜨고, *다음 코에 한길긴뜨기 2코, 다음 코에 한길긴뜨기 2코, 한길긴뜨기 1코*, *-* 5회 반복. 다음 코에 한길긴뜨기 2코, 다음 코에 한길긴뜨기 2코. 빼뜨기로 단을 연결한다(한길긴뜨기 총 30코).

원형 3단. 한길긴뜨기 기둥코를 뜨고, *한길긴뜨기 1코, 다음 코에 한길긴뜨기 2코, 사슬뜨기 1코, 다음 코에 한길긴뜨기 2코, 다음 2코에 한길긴뜨기 1코씩*, *-* 5회 반복. 한길긴뜨기 1코, 다음 코에 한길긴뜨기 2코, 사슬뜨기 1코, 다음 코에 한길긴뜨기 2코, 한길긴뜨기 1코. 빼뜨기로 연결.

원형 4단. 한길긴뜨기 기둥코를 뜨고, *다음 2코에 한길긴뜨기 1코씩, 다음 코에 한길긴뜨기 2코, 사슬뜨기 1코, 다음 코에 한길긴뜨기 2코, 다음 3코에 한길긴뜨기 1코씩*, *-* 5회 반복. 다음 2코에 한길긴뜨기 1코씩, 다음 코에 한길긴뜨기 2코, 사슬뜨기 1코, 다음 코에 한길긴뜨기 2코, 다음 2코에 한길긴뜨기 1코씩. 빼뜨기로 연결.

원형 5단. 한길긴뜨기 기둥코를 뜨고, *다음 3코에 한길긴뜨기 1코씩, 다음 코에 한길긴뜨기 2코, 사슬뜨기 1코, 다음 코에 한길긴뜨기 2코, 다음 4코에 한길긴뜨기 1코씩*, *-* 5회 반복. 다음 3코에 한길긴뜨기 1코씩, 다음 코에 한길긴뜨기 2코, 사슬뜨기 1코, 다음 코에 한길긴뜨기 2코, 다음 3코에 한길긴뜨기 1코씩. 빼뜨기로 연결.

원형 6~13단. 한길긴뜨기 기둥코를 뜨고, 각 코에 한길긴뜨기 1코, 이전 단의 사슬코마다 한길긴뜨기 1코+사슬뜨기 1코+한길긴뜨기 1코, 빼뜨기로 연결. 편물이 단마다 커진다.

원형 14단. 한길긴뜨기 기둥코를 뜨고, 각 코에 한길긴뜨기 1코, 이전 단의 사슬코마다 한길긴뜨기 1코. 빼뜨기로 연결(한길긴뜨기 총 168코). 실을 자르고 실끝을 정리한다.

마무리

앞면의 원형 2단과 3단 사이에 검은색 실로 빼뜨기하거나 체인 스티치로 원 모양을 수놓는다. 앞면과 뒷면의 겉쪽이 밖을 향하도록 서로 겹쳐둔다. 이때 여섯 개의 모서리가 반드시 서로 맞닿아야 한다. 앞면과 뒷면을 짧은뜨기로 연결한다. 전체를 다 연결하기 전에 쿠션솜을 편물 안에 넣은 다음, 솔기를 마무리한다. 실을 자르고 실끝을 정리한다.

레이니키 도안

앞면

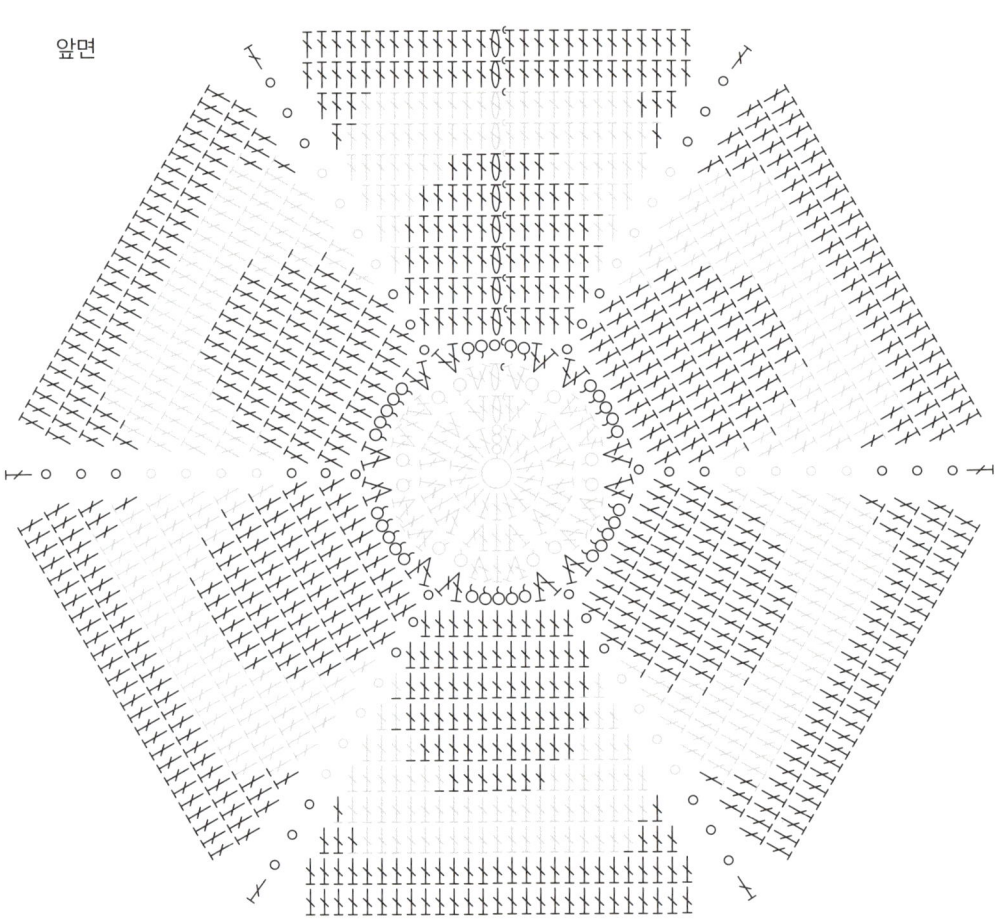

◯ 매직링		⟨ᐯ⟩⟨ᐯ⟩ 코늘리기, 같은 코에 한길긴뜨기 2코 뜨기
∘ ∘ 사슬뜨기		⟨ ⟨ 빼뜨기
⟨ ⟨ 한길긴뜨기 기둥코		♀ ♀ 짧은뜨기
⊤ ⊤ 한길긴뜨기		♀ 이전 단 한길긴뜨기 코의 뒤쪽에서 짧은뜨기

뒷면

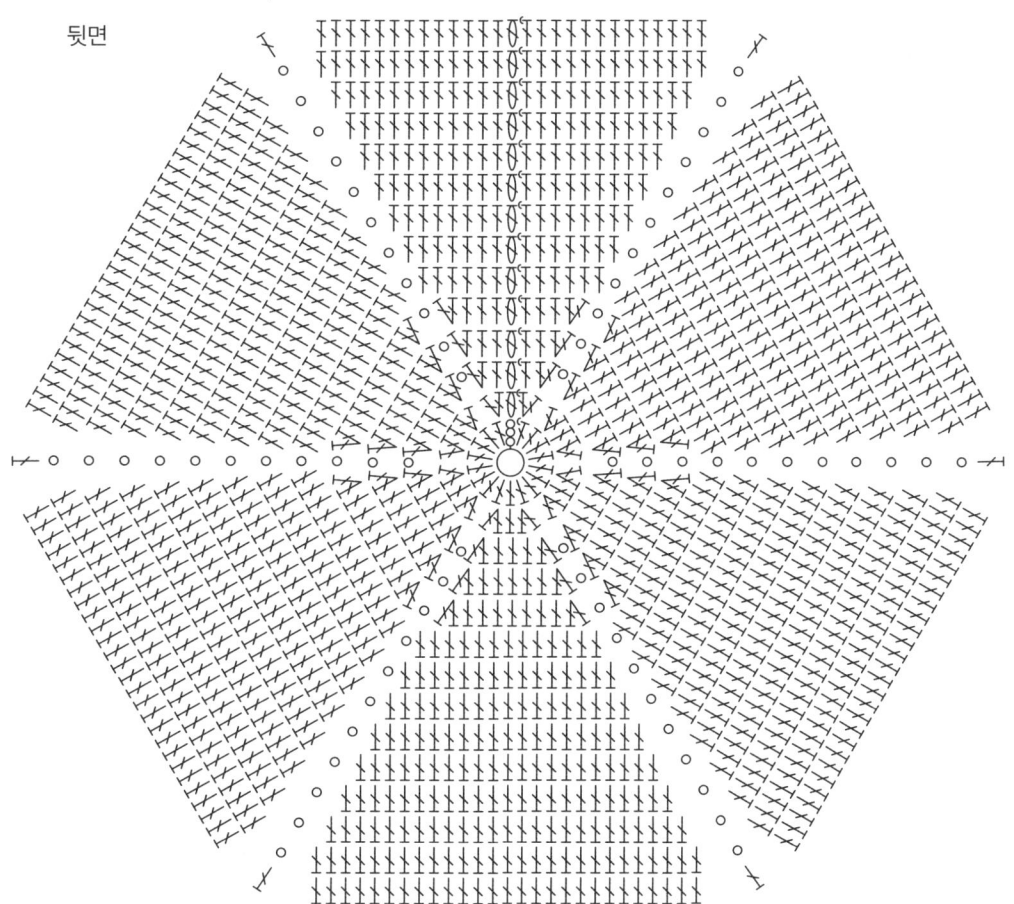

Aita

아이타

브루클린 레드훅의 교통 표지판에는 '막다른 길'이라고 적혀 있었
어요. 저는 핸드폰으로 불빛을 비춰 그 두 단어를 바라보았죠. 밤
은 깊었고, 저는 크라운 하이츠에 있는 집으로 돌아가는 방법을 몰
랐어요. 애초에 생각했던 왼쪽 길은 분명히 아니었죠. 만약 그 길
이 아이타 담요와 비슷한 패턴으로 단순한 격자무늬였다면 맨해
튼을 벗어나기가 쉬웠을 텐데 말이에요. 이 담요의 가장자리는 마
치 브루클린 같아요. 구불구불하고 여기저기로 뻗어나가는 길을
여기에서는 사슬뜨기로 비슷하게 표현해보았어요.

울실로 뜬 아이타 담요는 소풍을 즐길 때 여러분을 따뜻하게 해줘
요. 소풍을 마치고 자전거를 타고 집으로 돌아올 때 어깨에 두를 수
도 있을 거예요.

아이타 담요

크기	너비 90cm, 길이 110cm(가장자리 제외)
실	키트 쿠튀르 하이랜드 얀(100% 울, 50g 1볼 =100m) 주황색 5볼, 흰색 6볼, 분홍색 10볼
코바늘	3.5mm(모사용 6호)
게이지	한길긴뜨기 19코×10단=10×10cm

개요

아이타 담요는 한길긴뜨기로 왕복하며 뜨고, 작품 전체를 뜨는 동안 당장 사용하지 않는 실은 코 안에 넣어가며 같이 뜬다. 코의 안쪽으로 가져가는 실들은 바짝 당기지 않고 느슨하게 유지한다. 실 고리가 편물 겉쪽에서는 보이지 않도록 각 단의 마지막 코에는 넣어 뜨지 않는다. 코를 뜨면서 코바늘에 마지막으로 실을 걸 때 실의 색을 바꾼다.

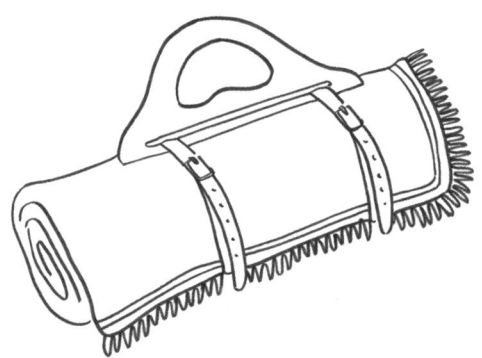

만드는 법

먼저 흰색 실로 사슬뜨기 162코를 뜬다.

1단. 코바늘에서 네 번째 코에 한길긴뜨기 1코, 당장 사용하지 않는 나머지 실들은 코 안에 넣어가며 같이 뜬다. *흰색 실로 한길긴뜨기 4코, 주황색 실로 한길긴뜨기 4코, 흰색 실로 한길긴뜨기 6코, 분홍색 실로 한길긴뜨기 16코, 흰색 실로 한길긴뜨기 6코, 주황색 실로 한길긴뜨기 4코, 흰색 실로 한길긴뜨기 6코, 분홍색 실로 한길긴뜨기 8코, 흰색 실로 한길긴뜨기 2코*, *-* 단 전체에서 총 3회 반복. 마지막 무늬 반복은 분홍색 줄무늬 전에 끝나요. 각 단의 마지막 코에는 다른 실을 넣어 뜨지 않는다.

1단은 한길긴뜨기 총 160코로, 무늬를 가로로 3회 반복한다(세 번째 무늬는 분홍색 줄무늬가 없다). 반복되는 무늬 하나의 너비는 한길긴뜨기 56코, 높이는 26단이다.

2~4단. 흰색 실로 사슬뜨기 2코를 뜨고, 이 코를 각 단의 첫 번째 한길긴뜨기로 간주한다. 당장 사용하지 않는 나머지 실들은 코 안에 넣어가며 같이 뜬다. 1단과 동일하게 뜬다. 5단이 분홍색 실로 시작하니까 코바늘에 마지막으로 실을 걸 때 실의 색을 바꿔주세요.

5단. 분홍색 실로 사슬뜨기 2코를 뜨고, 당장 사용하지 않는 나머지 실들은 코 안에 넣어가며 같이 뜬다. *분홍색 실로 한길긴뜨기 15코, 주황색 실로 한길긴뜨기 16코, 분홍색 실로 한길긴뜨기 16코, 주황색 실로 한길긴뜨기 8코, 분홍색 실로 한길긴뜨기 1코*, *-* 3회 반복. 각 단의 마지막 코에는 다른 실을 넣어 뜨지 않는다.

6~102단. 총 102단을 뜬다(무늬 세로로 4회 반복, 무늬 마지막 두 단은 뜨지 않는다).

실들을 자르지 않고 계속해서 뜬다.

가장자리

짧은뜨기 단. 담요의 위쪽 오른쪽 모서리에서 흰색 실로 시작한다. 같은 코에 사슬뜨기 1코와 짧은뜨기 1코를 뜬다. 각 코에 짧은뜨기 1코, 모서리에서는 같은 코에 짧은뜨기 3코, 양 옆면은 각 단에 짧은뜨기 2코씩 뜬다. 빼뜨기로 단을 연결한다. 실을 자르고 실끝을 정리한다.

한길긴뜨기 단. 주황색 실로 교체하고, 계속해서 담요의 위쪽 오른쪽 모서리에서 뜬다. 한길긴뜨기 기둥코를 뜨고, 다음 코에 한길긴뜨기 2코. *1코 건너뛰고 다음 코에 한길긴뜨기 2코*, 편물의 4면 모두 *-* 반복. 모서리에서는 코를 건너뛰지 않고 한길긴뜨기 2코, 한길긴뜨기 1코, 한길긴뜨기 2코를 뜬다. 빼뜨기로 단을 연결한다. 실을 자르고 실끝을 정리한다.

프린지. 분홍색 실로 교체하고, 계속해서 담요의 위쪽 오른쪽 모서리에서 뜬다. 사슬뜨기 1코, 사슬뜨기로 20코를 뜨고, 사슬뜨기 20코의 첫 번째 코에 빼뜨기로 연결하여 첫 번째 분홍색 프린지를 만든다. 다음 한길긴뜨기 2코 사이에 짧은뜨기 1코를 뜨고, 다시 사슬뜨기 20코를 뜨고 첫 번째 사슬코에 빼뜨기로 연결하여 프린지를 만들고, 다음 한길긴뜨기 2코 사이에 짧은뜨기 1코를 뜬다. *사슬뜨기 20코, 빼뜨기로 연결, 사슬뜨기 1코, 짧은뜨기 1코*, 편물의 4면 모두 *-* 반복. 모서리에 있는 5코에서는 프린지 사이에 사슬뜨기 1코로 연결하는 과정 없이 사슬뜨기 20코 프린지를 뜬다.

실들을 자르고 실끝을 정리한다.

아이타 도안

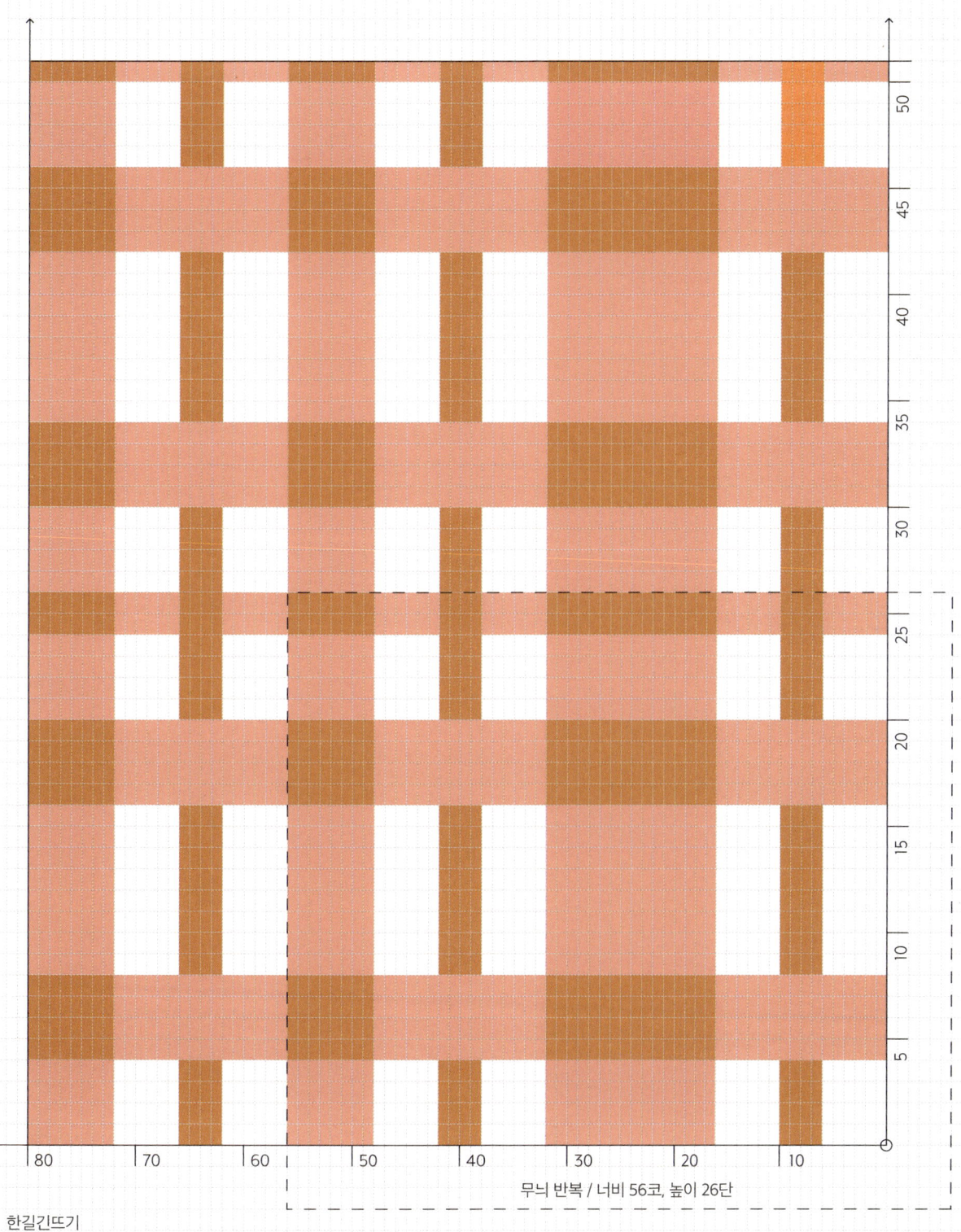

한길긴뜨기

무늬 반복 / 너비 56코, 높이 26단

아이타

무늬 반복 / 너비 56코, 높이 26단

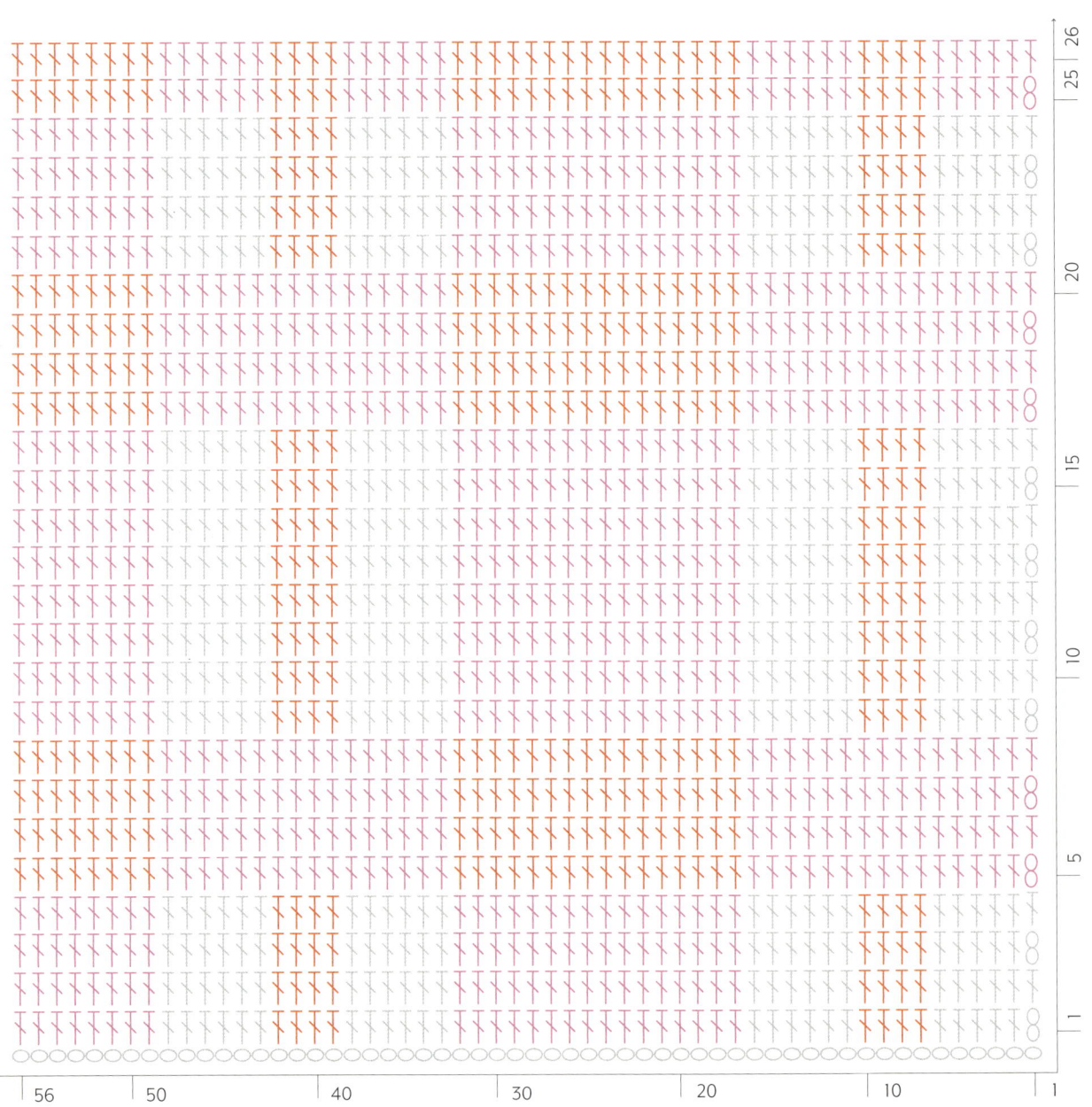

아이타

도안, 가장자리

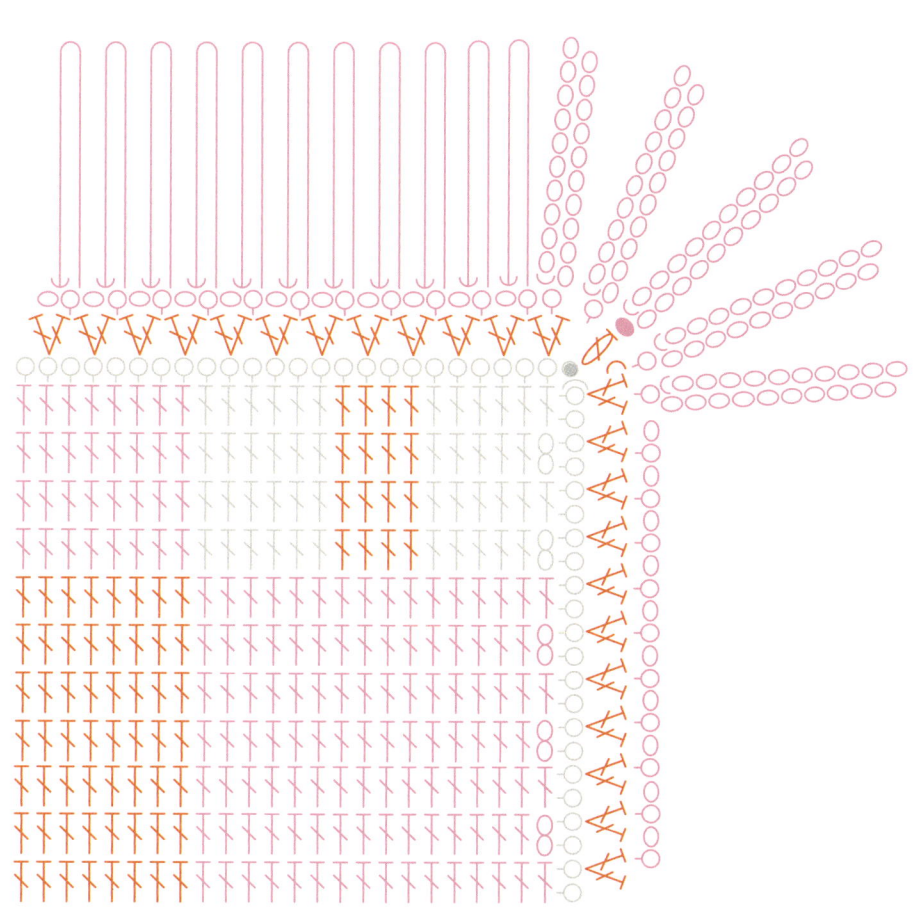

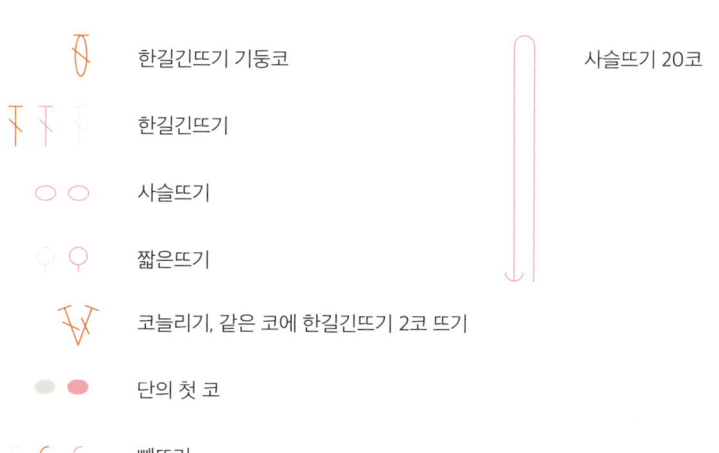

한길긴뜨기 기둥코	사슬뜨기 20코
한길긴뜨기	
사슬뜨기	
짧은뜨기	
코늘리기, 같은 코에 한길긴뜨기 2코 뜨기	
단의 첫 코	
빼뜨기	

Linja
리냐

매일 사용하는 물건을 스스로 만들면 확실히 오래 사용할 수 있어요. 여기에서 소개하는 리냐 쇼퍼백을 만드는 데 사용한 면 소재 트와인처럼, 무언가를 만들 때 좋은 품질의 견고한 소재를 선택한다면 완성된 물건을 아마 영원히 사용할 수 있을 거예요.

저는 한동안 코바늘뜨기로 비닐봉지 모양의 쇼퍼백을 뜨는 방법을 고심했어요. 그 생각은 홍콩 란타우섬의 남쪽 해변에서 플라스틱 쓰레기 더미를 헤치며 걸었을 때, 핀란드의 헤멘린나에서 쓸 만한 물건을 찾으려고 플라스틱 재활용쓰레기통을 뒤졌을 때, 브루클린 윌리엄스버그의 자주 가던 가게에서 제가 산 바나나 두 개를 담느라 여러 장의 비닐봉지를 사용하는 것을 보았을 때 시작되었어요.

코바늘뜨기 쇼퍼백은 보다 지속가능하고 내구성이 뛰어난 해결책이며 보기에도 훨씬 멋지답니다.

리냐 쇼퍼백

크기	갈색 기준, 너비 32cm(모양대로 접었을 때), 높이 58cm(손잡이 포함)
실	수오멘 란카 리나 코튼 트와인 18-ply(100% 면, 500g 1볼=840m) 흰색 350g
	수오멘 란카 몰라 코튼 트와인 18-ply 갈색 350g
코바늘	2.25mm(모사용 3호)
게이지	한길긴뜨기 12코×6단=5×5cm

개요

리냐 쇼퍼백은 한길긴뜨기로 왕복하며 뜨고, 작품 전체를 뜨는 동안 당장 사용하지 않는 실은 코 안에 넣어가며 같이 뜬다. 코의 안쪽으로 가져가는 실은 바짝 당기지 않고 느슨하게 유지해야 한다. 실 고리가 편물의 겉쪽에서 보이지 않도록 각 단의 마지막 코에는 넣어 뜨지 않는다. 코를 뜨면서 마지막으로 코바늘에 실을 걸 때 실의 색을 바꾼다. 똑같은 편물을 두 개 떠서 꿰맨다.

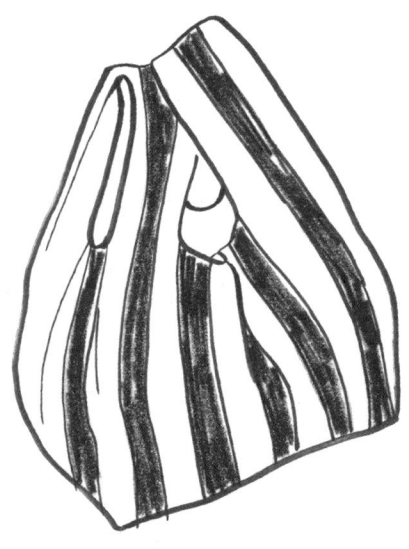

만드는 법

먼저 흰색 실로 사슬뜨기 124코를 뜬다.

1단. 코바늘에서 네 번째 코에 한길긴뜨기 1코, 갈색 실은 코 안에 넣어가며 같이 뜬다. 흰색 실로 한길긴뜨기 7코, 코바늘에 마지막으로 실을 걸 때 갈색 실로 교체. *갈색 실로 한길긴뜨기 8코, 흰색 실로 한길긴뜨기 8코*, *-* 단 전체에서 총 7회 반복. 마지막 코에 흰색 실로 한길긴뜨기 1코. 마지막 코에는 갈색 실을 넣어 뜨지 않는다.

이제 편물에는 15개의 줄무늬가 생겼다. 첫 번째와 마지막 줄무늬의 너비는 한길긴뜨기 9코, 나머지 줄무늬들의 너비는 한길긴뜨기 8코.

2단. 사슬뜨기 3코를 뜨고, 이 코를 각 단의 첫 번째 한길긴뜨기로 간주한다. 갈색 실을 코 안에 넣어가며, *흰색 실로 한길긴뜨기 8코, 갈색 실로 한길긴뜨기 8코*, 단의 끝까지 *-*반복. 마지막 코에 흰색 실로 한길긴뜨기 1코. 마지막 코에는 갈색 실을 넣어 뜨지 않는다.

3~43단. 1단과 동일하게 뜬다. 실들을 자르고 실끝을 정리한다.

손잡이

44단. 편물의 뒤쪽 끝에서 일곱 번째 코에서 흰색 실로 시작한다. 사슬뜨기 3코, 다음 2코에 한길긴뜨기 1코씩, 코바늘에 마지막으로 실을 걸 때 갈색 실로 교체. 갈색 실로 한길긴뜨기 8코, 흰색 실로 한길긴뜨기 8코, 갈색 실로 한길긴뜨기 8코, 흰색 실로 한길긴뜨기 8코. 갈색 실로 한길긴뜨기 2코, 다음 2코 모아뜨기(코줄이기). 한길긴뜨기에서 코를 줄일 때는, 한길긴뜨기 2코를 각각 뜨다가, 코바늘에 3개의 고리가 걸리면, 코바늘에 실을 걸고, 코바늘에 걸린 고리를 한꺼번에 통과시킨다.

45단. 사슬뜨기 3코, 다음 2코에 한길긴뜨기 1코씩, 코바늘에 마지막으로 실을 걸 때 흰색 실로 교체. 흰색 실로 한길긴뜨기 8코, 갈색 실로 한길긴뜨기 8코, 흰색 실로 한길긴뜨기 8코, 갈색 실로 한길긴뜨기 8코. 흰색 실로 교체하고, 다음 2코를 모아뜬다.

46단. 흰색 실로 사슬뜨기 3코, 갈색 실로 교체. 갈색 실로 한길긴뜨기 8코, 흰색 실로 한길긴뜨기 8코, 갈색 실로 한길긴뜨기 8코,

흰색 실로 한길긴뜨기 8코. 갈색 실로 교체하고, 다음 2코를 모아 뜬다.

47단. 갈색 실로 사슬뜨기 3코, 흰색 실로 교체. 흰색 실로 한길긴뜨기 8코, 갈색 실로 한길긴뜨기 8코, 흰색 실로 한길긴뜨기 8코, 갈색 실로 한길긴뜨기 8코.

48~65단. 도안대로 뜬다. 실들을 자르고 실끝을 정리한다.

똑같은 편물을 하나 더 뜬다.

꿰매기

두 편물의 겉쪽끼리 마주 보도록 겹쳐두고 짧은뜨기로 옆면을 서로 연결하면 솔기가 편물 안쪽에 만들어진다. 편물의 겉쪽이 밖으로 나오도록 뒤집는다.

줄무늬 2.5개가 편물 안쪽으로 들어가도록 양옆을 안으로 접는다. 밑부분(80코)을 짧은뜨기로 연결한다. 이렇게 만들어진 솔기는 두꺼울 거예요. 편물 네 겹을 연결해야 하거든요. 각 코의 앞 반코에만 짧은뜨기하세요. 이제 온전한 줄무늬 9개와 양쪽에 0.5개씩 줄무늬가 있으므로, 쇼퍼백 너비는 줄무늬 10개에 해당한다.

두 개의 손잡이도 같은 방식으로 연결한다. 손잡이 하나의 너비는 2.5개 줄무늬, 21코.

이 작품은 정리해야 하는 실끝이 아주 많아요. 쉽게 정리하는 방법은, 실끝을 길게 남겨두었다가 짧은뜨기로 두 편물을 연결할 때 사용하는 거예요.

○ ‥ O	사슬뜨기
⼬ ⼬	한길긴뜨기
⼭	코줄이기, 한길긴뜨기 2코 모아뜨기
♀ ♀	솔기, 짧은뜨기
●	솔기의 짧은뜨기 시작코

도안

65

60

55

50

45

44

43

40

34

30단 뜨기

1

옆면, 접는다   중앙, 가운데

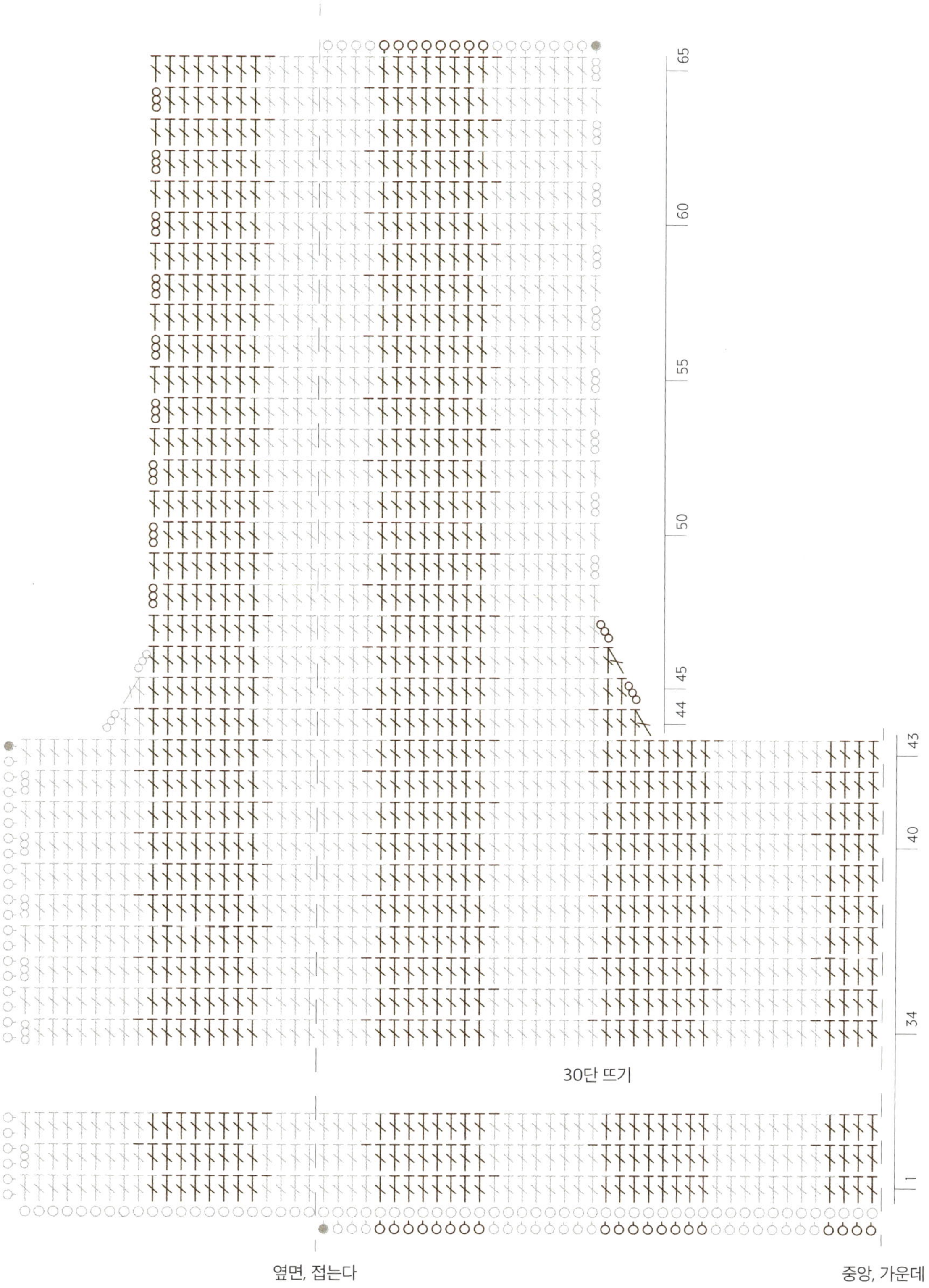

리냐 쇼퍼백 분홍색은 동일한 도안을 가는 실로
뜨기 때문에, 자연히 가방의 크기가 더 작다.

크기   너비 27cm(모양대로 접었을 때), 높이 43cm
실   수오멘 란카 몰라 트와인 12-ply(100% 면, 500g
        1볼=1280m) 분홍색 180g
        수오멘 란카 리나 트와인 12-ply 흰색 180g
코바늘   1.75mm(레이스용 0호)
게이지   한길긴뜨기 14코×7단=5×5cm

Kaari

카리

밤이 점점 추워지고 우드스톡의 무대에 재니스 조플린이 섰을 때 저는 바로 이 숄을 어깨에 두르고 있었어요. 숄의 색은 우드스톡 페스티벌 포스터에 사용된 흰색 바탕에 연보라색과 주황색을 그대로 가져왔어요. 이번 코바늘뜨기 작업은 출장이나 여행을 갈 때 혹은 뉴욕에서 우드스톡으로 차를 타고 갈 때 가져가도 될 만큼 쉬워요. 차를 타고 가는 두 시간 동안 숄의 절반을 뜨고 그날 밤 공연이 시작되기 전에 숄을 완성할 수 있을 거예요.

손뜨개 작품에 어울리는 색을 고를 때 다른 시대의 앨범 커버와 공연 포스터를 살펴보는 것을 추천해요. 과감한 색 조합을 선택할 수 있을 거예요!

카리 숄

크기	너비 115cm, 길이 140cm
실	키트 쿠튀르 하이랜드 얀(100% 울, 50g 1볼 =100m) 흰색 6볼, 연보라색 3볼, 주황색 3볼
코바늘	4mm(모사용 7호)
게이지	한길긴뜨기 15코×9단=10×10cm

개요

카리 숄은 한길긴뜨기로 모든 단을 한 방향으로 뜬다. 각각의
단을 뜬 다음 프린지를 만들 수 있도록 실끝을 25cm 남기고
자른다. 두 가지 색으로 뜰 때는 단의 끝까지 당장 사용하지
않는 실을 코 안에 넣어가며 같이 뜬다. 코 안쪽으로 가져가는
실은 바짝 당기지 않는다.

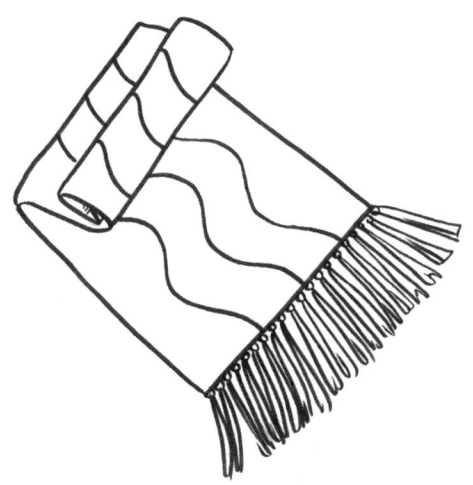

만드는 법

먼저 흰색 실로 사슬뜨기 230코를 뜨고, 프린지용으로 실끝을 25cm 남긴다.

1단. 코바늘에서 네 번째 코에 한길긴뜨기 1코. 각 코에 한길긴뜨기 1코. 실끝을 25cm 남기고 실을 자른다. 1단은 사슬 기둥코를 포함해서 한길긴뜨기 총 228코.

2~8단. 오른쪽 모서리에서부터 시작해서, 각 코에 한길긴뜨기 1코. 단의 양쪽 끝에 실끝을 25cm 남기고 실을 자른다.

9단. 연보라색 실로 교체하고, 흰색 실은 코 안에 넣어가며 같이 뜬다. 연보라색 실로 한길긴뜨기 8코, 코바늘에 마지막으로 실을 걸 때 흰색 실로 교체. *흰색 실로 한길긴뜨기 36코, 연보라색 실로 한길긴뜨기 8코*, 단의 끝까지 *-* 반복. 실들을 자른다.

9단은 한길긴뜨기 총 228코로, 무늬가 5회 반복되고, 이어서 무늬대로 한길긴뜨기 8코. 반복되는 무늬 하나의 너비는 한길긴뜨기 44코.

10~42단. 무늬 도안을 따라 뜬다. 각 단의 양쪽 끝에 실끝을 25cm 남긴다.

편물에서 길이가 더 긴 쪽의 양끝에 흰색 실로 짧은뜨기 단을 뜬다. 실들을 자른다.

코의 안쪽으로 가져가는 실이 너무 바짝 당겨지지 않도록 모서리에서부터 편물을 살살 당겨주세요.

프린지

실을 색깔별로 50cm 길이로 자른다. 편물의 각 단마다 양쪽 끝에 실 한 가닥을 엮는다. 각 단에 남겨놓은 실끝과 함께 매듭짓는다.

카리 도안

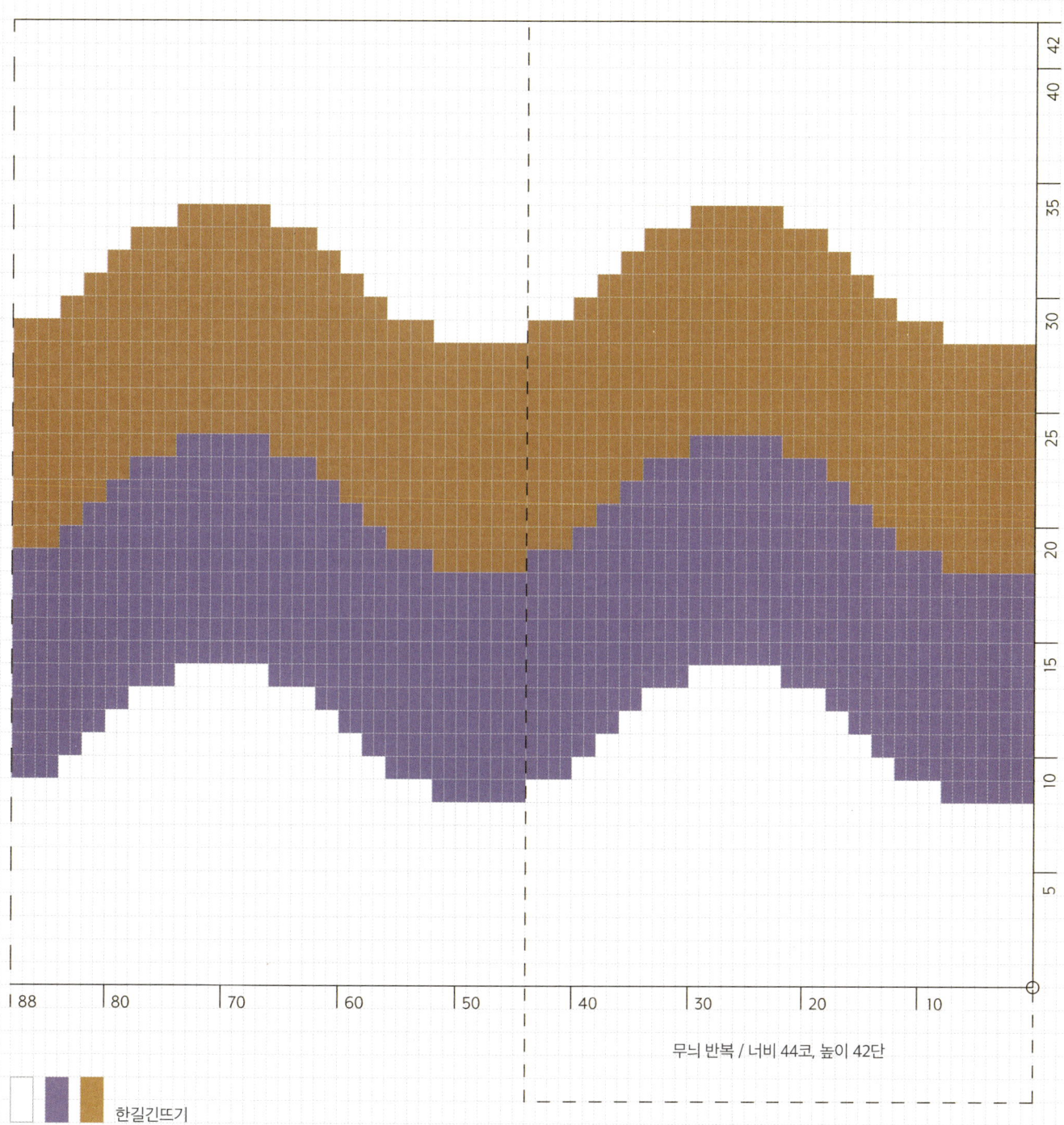

무늬 반복 / 너비 44코, 높이 42단

한길긴뜨기

Smile

스마일

우리 모두 잘 아는, SNS에서 매일 사용하는 노란색 웃는 얼굴 아이콘은 원래 1960년대 보험회사의 로고 디자인이었어요. 이 스마일 기호는 얼굴을 마주 보며 이야기할 때 건네는 미소를 의미합니다. 미소는 전염성이 있어요. 미소는 머리끝에서 발끝까지 몸 전체를 빛나게 하고, 가끔은 통화를 하면서도 상대방의 목소리에서 묻어나는 웃음을 들을 수 있죠.

스마일 숄더백은 사각형 모티브를 연결해 만들어요. 만드는 데 시간은 꽤 걸리지만, 가방을 어깨에 메는 순간 코바늘뜨기를 하며 보낸 모든 시간이 가치를 드러낼 거예요. 이 가방으로 여러분과 마주치는 모든 사람의 하루를 밝혀줄 수 있을 테니까요.

스마일 숄더백

크기	너비 30cm, 높이 30cm, 옆면 폭 10cm
	사각형 하나의 크기는 10cm×10cm
실	수오멘 란카 리나 코튼 트와인 12-ply(100%
	면, 500g 1볼=1280m) 흰색 300g
	수오멘 란카 몰라 코튼 얀 12-ply(100% 면,
	500g 1볼=1280m) 노란색 100g
코바늘	1.75mm(레이스용 0호)
기타	검은색 자수실, 안감용 면 80×40cm

개요

이 가방은 원형으로 각 단을 빼뜨기로 연결하며 사각형 모티
브를 뜨고 중앙에 웃는 얼굴을 수놓은 다음, 24개의 사각형을
빼뜨기로 서로 연결한다. 가방의 위쪽 가장자리는 보강하고,
바닥 부분은 따로 뜨고, 마지막으로 짧은뜨기로 두 개의 손잡
이를 뜬다.

만드는 법

사각형

원형 1단. 손가락에 노란색 실을 감아서 매직링을 만들고, 짧은뜨기로 연결한 다음, 사슬뜨기 2코. 실끝을 코 안에 넣어가며 매직링에 한길긴뜨기 11코를 뜬다. 빼뜨기로 단을 연결한다. 사슬코를 포함하여 총 12코. 실끝을 바짝 당겨서 구멍을 조여준다.

원형 2단. 한길긴뜨기 기둥코를 뜨고 같은 코에 한길긴뜨기 1코. 각 코에 한길긴뜨기 2코, 빼뜨기로 단을 연결한다(한길긴뜨기 총 24코).

원형 3단. 한길긴뜨기 기둥코를 뜨고, *다음 코에 한길긴뜨기 2코, 다음 코에 한길긴뜨기 1코*, 단의 끝까지 *-* 11회 반복, 다음 코에 한길긴뜨기 2코, 빼뜨기로 연결한다(한길긴뜨기 총 36코).

원형 4단. 한길긴뜨기 기둥코를 뜨고, 다음 코에 한길긴뜨기 1코, 다음 코에 한길긴뜨기 2코, *다음 2코에 한길긴뜨기 1코씩, 다음 코에 한길긴뜨기 2코*, 단의 끝까지 *-* 11회 반복, 빼뜨기로 연결한다(한길긴뜨기 총 48코).

원형 5단. 한길긴뜨기 기둥코를 뜨고, 다음 2코에 한길긴뜨기 1코씩. *다음 코에 한길긴뜨기 2코, 다음 3코에 한길긴뜨기 1코씩*, 단의 끝까지 *-* 11회 반복, 다음 코에 한길긴뜨기 2코, 흰색 실로 교체하고 빼뜨기로 연결한다(한길긴뜨기 총 60코).

노란색 실을 자르고 실끝을 정리한다.

원형 6단. 한길긴뜨기 기둥코를 뜨고, *다음 6코에 짧은뜨기 1코씩, 다음 코에 긴뜨기 1코, 다음 2코에 한길긴뜨기 1코씩, 다음 코에 두길긴뜨기 1코, 다음 코에 세길긴뜨기 2코+사슬뜨기 3코+세길긴뜨기 2코, 다음 코에두길긴뜨기 1코, 다음 2코에 한길긴뜨기 1코씩, 다음 코에 긴뜨기 1코*, *-* 3회 반복, *다음 6코에 짧은뜨기 1코씩, 다음 코에 긴뜨기 1코, 다음 2코에 한길긴뜨기 1코씩, 다음 코에 두길긴뜨기 1코, 다음 코에 세길긴뜨기 2코+사슬뜨기 3코+세길긴뜨기 2코, 다음 코에 두길긴뜨기 1코, 다음 2코에 한길긴뜨기 1코씩, 빼뜨기로 연결한다.

원형 7단. 한길긴뜨기 기둥코를 뜨고, 다음 12코에 한길긴뜨기 1코씩, *이전 단 사슬코에 한길긴뜨기 2코+사슬뜨기 3코+한길긴뜨기 2코, 다음 18코에 한길긴뜨기 1코씩*, *-* 3회 반복, 이전 단 사슬코에 한길긴뜨기 2코+사슬뜨기 3코+한길긴뜨기 2코, 다음 5코에 한길긴뜨기 1코씩, 빼뜨기로 연결한다.

원형 8단. 한길긴뜨기 기둥코를 뜨고, 다음 14코에 한길긴뜨기 1코씩, *이전 단 사슬코에 한길긴뜨기 2코+사슬뜨기 3코+한길긴뜨기 2코, 다음 22코에 한길긴뜨기 1코씩*, *-* 3회 반복, 이전 단 사슬코에 한길긴뜨기 2코+사슬뜨기 3코+한길긴뜨기 2코, 다음 7코에 한길긴뜨기 1코씩, 빼뜨기로 연결한다.

실을 자르고 실끝을 정리한다.

동일한 방법으로 총 24개의 사각형을 뜬다. 검은색 실로 각 사각형의 중앙에 웃는 얼굴을 수놓는다. 사각형의 모양을 잡아 블로킹한다.

바닥

바닥은 흰색 실로 왕복하며 짧은뜨기로 뜬다.
먼저 흰색 실로 사슬뜨기 85코를 뜬다.

1단. 코바늘에서 두 번째 코에 짧은뜨기 1코, 각 코에 짧은뜨기 1코(짧은뜨기 총 84코).

2단. 사슬뜨기 1코, 각 코에 짧은뜨기 1코(짧은뜨기 총 84코).

3~28단. 2단과 동일하게 뜬다. 실을 자르고 실끝을 정리한다.

꿰매기

사각형들을 흰색 실로 빼뜨기해 서로 연결한다. 먼저 두 개의 사각형을 나란히 놓고, 각 코의 뒤 반코에 빼뜨기한다. 코바늘을 모서리의 가운데 코에 넣고, 코바늘에 실을 걸고, 두 편물에 동시에 통과시킨다. 그러고 나서 다음 코에 코바늘을 넣는데, 반드시 뒤 반코에만 코바늘을 넣고, 계속해서 29코 더 빼뜨기한다.
모서리 코에 다다르면, 다음 사각형을 놓고, 실을 자르지 않고 계속 빼뜨기해 연결한다. 한 번 더 다음 사각형을 놓고 계속 연결하고, 실을 자른다.

동일한 방법으로 계속 사각형들을 서로 연결한다. 가방 높이는 사각형 3개, 너비는 사각형 8개이다. 모든 사각형을 먼저 세로로 연결한 다음, 가로로 길게 두 번 연결해 모든 사각형을 하나로 이어주세요.

바닥 부분은 빼뜨기로 연결하거나, 손바느질로 알맞은 위치에 꿰맨다. 실을 자르고 실끝을 정리한다.

가장자리

흰색 실로 편물의 위쪽 가장자리에 짧은뜨기를 떠서 보강한다. 맨 위 오른쪽 모서리에서부터 시작한다.

원통 1단. 짧은뜨기 1코. 사각형의 각 코에 짧은뜨기 1코, 솔기는 건너뛴다(사각형 8개×28코=짧은뜨기 총 224코).

원통 2~6단. 각 코에 짧은뜨기 1코를 뜬다. 꿰맬 수 있도록 실끝을 1.5m 남기고 실을 자른다.

가장자리를 반으로 접고, 손바느질로 이음매가 보이지 않게 편물 안쪽에서 꿰맨다.

손잡이

두 개의 긴 손잡이는 짧은뜨기로 왕복하며 뜬다.
먼저 흰색 실로 사슬뜨기 151코를 뜬다.

1단. 코바늘에서 두 번째 코에 짧은뜨기 1코, 각 코에 짧은뜨기 1코(짧은뜨기 총 150코).

2단. 편물을 뒤집고, 사슬뜨기 1코, 각 코에 짧은뜨기 1코(짧은뜨기 총 150코).

3~6단. 2단과 동일하게 뜬다. 실을 자르지 않고 계속 뜬다.

두 개의 손잡이 모두 긴 면을 빼뜨기해 원통 모양이 되게 연결한다. 이렇게 하면 손잡이를 좀 더 오래 사용할 수 있다.

두 개의 손잡이를 가방의 위쪽 가장자리, 편물 안쪽에 손바느질로 달아준다.

안감

편물 크기에 맞게 안감을 자른다. 편물 안쪽에서 손바느질로 안감을 꿰맨다.

스마일

도안과 자수 무늬

○	매직링
○ ○	사슬뜨기
○ ○	짧은뜨기
○ ○	한길긴뜨기 기둥코
‡ ‡	한길긴뜨기
C C	빼뜨기
V V	코늘리기, 같은 코에 한길긴뜨기 2코
T	긴뜨기
‡	두길긴뜨기, 코바늘에 실 두 번 걸기
‡	세길긴뜨기, 코바늘에 실 세 번 걸기

스마일

도안, 위쪽 가장자리, 바닥, 손잡이

손잡이, 접는다

위쪽 가장자리, 접는다

바닥, 20단 이상 뜬다

Loiva

로이바

마음과 몸을 돌보는 시간을 가지는 건 중요해요. 그렇지만 이러한 사실을 알고 있다 해도, 따뜻한 이불에서 나와 차가운 바닥에서 아침 요가를 하기란 쉽지 않죠. 저는 침대의 포근함 대신 차가운 매트에서의 요가를 선택하고, 따뜻한 욕조에 몸을 담그는 대신 차가운 물로 샤워하는 사람들의 의지를 존경해요.

하지만 이 문제는 코바늘뜨기로 만든 울 요가매트로 쉽게 해결할 수 있어요. 여러분의 몸이 이불 밖으로 나왔는지 모를 만큼 따뜻할 테니까요. 울 매트를 말아서 캠핑에도 가져가고, 함께 쓸 쿠션도 같은 무늬로 떠보세요.

로이바 매트

크기	너비 55cm, 길이 110cm
실	란카바 무쿠 울(100% 울, 1kg 1볼=390m) 검은색 2kg, 흰색 1.5kg
코바늘	7mm
게이지	한길긴뜨기 10코×원통 5단=10×10cm
기타	단추 4개와 단추를 달 때 필요한 얇은 가죽끈, 55×110cm 매트솜

개요

로이바 매트는 한길긴뜨기로 각 단마다 빼뜨기로 연결하며 원통으로 뜨고, 작품 전체를 뜨는 동안 당장 사용하지 않는 나머지 실을 코 안에 넣어가며 같이 뜬다. 코의 안쪽으로 가져가는 실은 바짝 당기지 않고 느슨하게 유지해야 한다. 코를 뜨면서 마지막으로 코바늘에 실을 걸 때 실의 색을 바꾼다.

만드는 법

먼저 흰색 실로 사슬뜨기 114코를 뜨고, 빼뜨기로 연결하여 원을 만든다.

원통 1단. 한길긴뜨기 기둥코를 뜨고, 검은색 실을 코 안에 넣어 가면서 한길긴뜨기 4코를 뜨고, 코바늘에 마지막으로 실을 걸 때 검은색 실로 바꾼다. 검은색 실로 한길긴뜨기 12코, 흰색 실로 한길긴뜨기 6코, 검은색 실로 한길긴뜨기 12코, 흰색 실로 한길긴뜨기 6코, 검은색 실로 한길긴뜨기 12코, 흰색 실로 한길긴뜨기 9코, 검은색 실로 한길긴뜨기 12코, 흰색 실로 한길긴뜨기 6코, 검은색 실로 한길긴뜨기 12코, 흰색 실로 한길긴뜨기 6코, 검은색 실로 한길긴뜨기 12코, 흰색 실로 한길긴뜨기 4코. 편물 양옆은 한길긴뜨기 6코가 아니라 흰색 실로 4코씩 뜨고 기둥코를 연결해서 9코가 된다는 걸 알아차렸나요? 한길긴뜨기 기둥코의 상단에 빼뜨기로 연결하여 단을 마무리한다.

원통 1단은 한길긴뜨기 총 114코로, 무늬 반복 6회+한길긴뜨기 6코. 반복되는 무늬 하나의 너비는 한길긴뜨기 18코, 높이는 원통 10단이다.

원통 2단. 흰색 실로 한길긴뜨기 기둥코를 뜨고, 검은색 실을 코 안에 넣어가면서 한길긴뜨기 3코를 뜨고, 코바늘에 마지막으로 실을 걸 때 검은색 실로 바꾼다. 검은색 실로 한길긴뜨기 12코, 흰색 실로 한길긴뜨기 6코, 검은색 실로 한길긴뜨기 12코, 흰색 실로 한길긴뜨기 6코, 검은색 실로 한길긴뜨기 12코, 흰색 실로 한길긴뜨기 9코, 검은색 실로 한길긴뜨기 12코, 흰색 실로 한길긴뜨기 6코, 검은색 실로 한길긴뜨기 12코, 흰색 실로 한길긴뜨기 6코, 검은색 실로 한길긴뜨기 12코, 흰색 실로 한길긴뜨기 5코. 한길긴뜨기 기둥코의 상단에 빼뜨기로 연결하여 단을 마무리한다.

원통 3~57단. 총 원통 57단을 뜬다(무늬를 세로로 6회 반복하되, 여섯 번째 무늬의 마지막 세 단은 뜨지 않는다).

위쪽 가장자리

편물의 위쪽 가장자리를 짧은뜨기로 연결해 막는다. 무늬 반복에 맞춰, 오른쪽 모서리에서 흰색 실로 시작한다. 사슬뜨기로 1코 뜨고, 검은색 실은 코 안에 넣어가며 같이 뜬다. 코바늘을 두 겹 모두에 통과시키고 흰색 실로 짧은뜨기 4코, 검은색 실로 짧은뜨기 12코, 흰색 실로 짧은뜨기 6코, 검은색 실로 짧은뜨기 12코, 흰색 실로 짧은뜨기 6코, 검은색 실로 짧은뜨기 12코, 흰색 실로 짧은뜨기 4코를 뜬다. 실들을 자르고 실끝을 정리한다.

단춧구멍

흰색 실로 편물의 아래쪽 가장자리에 단춧구멍을 남겨두고 짧은뜨기를 원통으로 뜬다.

원통 1단. 편물의 아래 오른쪽 모서리에서 시작, 사슬뜨기 1코, 각 코에 짧은뜨기 1코. 2단도 나선형으로 계속 뜬다.

원통 2단. 다음 62코에 짧은뜨기 1코씩 뜨고, 단춧구멍을 만든다—*사슬뜨기 2코, 2코 건너뛰기, 다음 13코에 짧은뜨기 1코씩*, 단의 끝까지 *-* 반복. 단의 끝에서 짧은뜨기 13코 대신 5코만 뜬다.

원통 3단. 각 코에 짧은뜨기 1코.

실을 자르고 실끝을 정리한다. 단추를 달 위치를 정하고, 편물 안쪽에서 정해진 위치에 얇은 가죽끈으로 단추를 달아준다.

로이바 도안

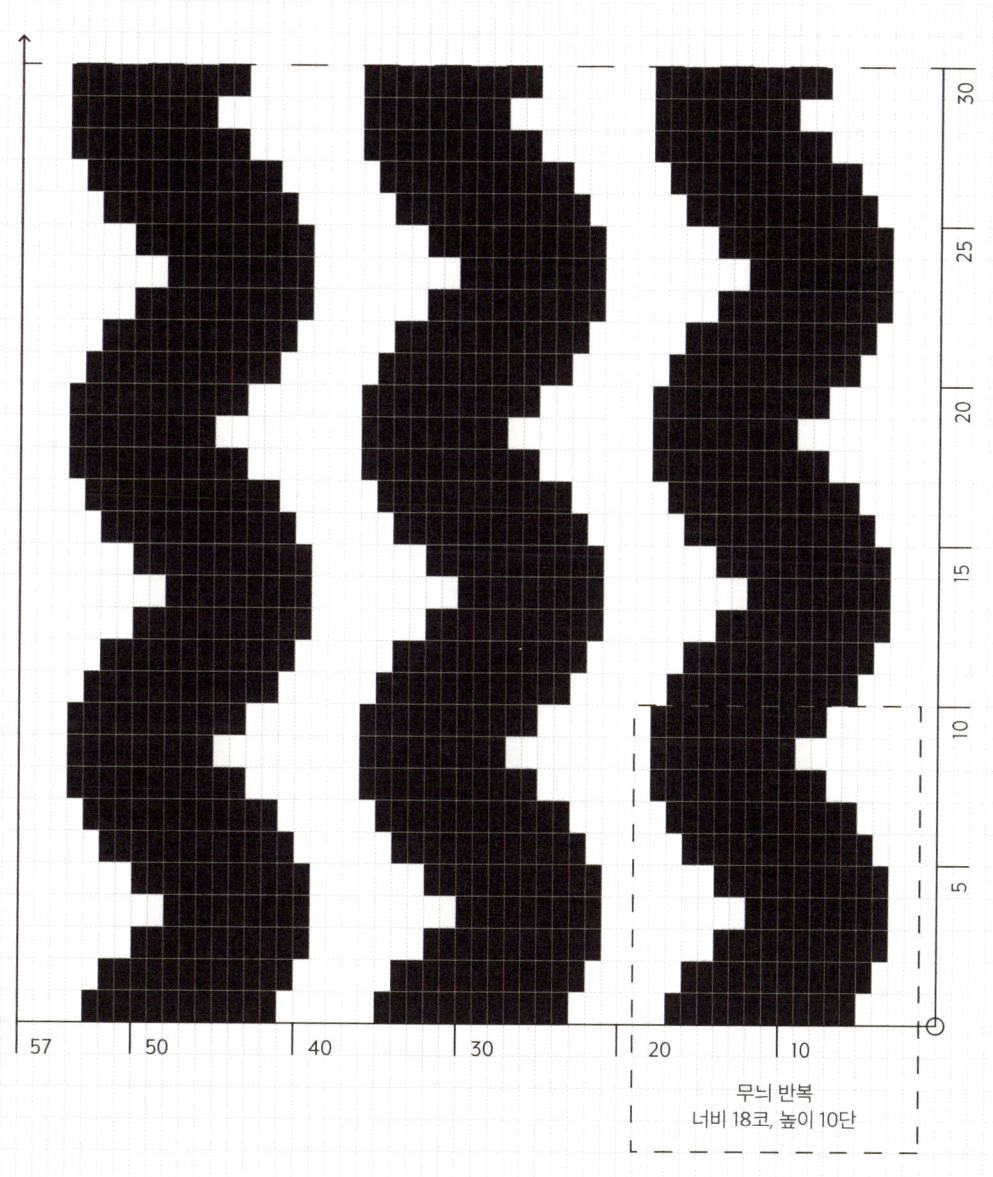

무늬 반복
너비 18코, 높이 10단

□ □ ■ 한길긴뜨기

로이바 쿠션은 로이바 매트 무늬를 조정해 뜨며
짧은뜨기로 왕복하며 뜬다. 한길긴뜨기 무늬를
짧은뜨기 무늬로 바꾸려면, 한길긴뜨기 1단을
짧은뜨기 2단으로 뜬다.

쿠션의 너비는 짧은뜨기 114코, 전체 길이는
102단이다.

편물을 반으로 접고 짧은뜨기로 3면을 연결해
막는다. 다 연결하기 전에, 편물 안쪽으로
쿠션솜을 넣는다. 실들을 자르고 실끝을 정리한다.
쿠션 양옆에 짧은 가죽 손잡이를 달아준다.

크기   너비 70cm, 높이 35cm
실   베타니트 프라토 코튼
        (100% 재생 면, 100g 1볼=100m)
        검은색 6볼, 흰색 5볼
코바늘   4mm(모사용 7호)
게이지   짧은뜨기 8코×8단=5×5cm
기타   얇은 가죽끈, 70×35cm 쿠션솜

Vasu

바수

뉴욕 스미소니언 박물관에서 직물 느낌이 가미된 도자기를 처음 보았을 때 저는 금세 사랑에 빠지고 말았어요! 리넨 천으로 도자기의 표면을 꾸미자 테라코타 도자기에 완전히 새로운 지평이 열렸습니다. 도장과 매듭을 지은 천을 이용하니 도자기의 표면에 직물과 같은 질감이 만들어졌어요.

바수 바구니의 표면은 니트 스웨터 같은 느낌이에요. 마치 도자기를 만든 사람이 두꺼운 울스웨터를 입고 건조 중인 점토 도자기에 기댄 것처럼요. 바수 바구니는 불에 그을린 테라코타 색을 띠는 굵은 실을 가지고 메리야스뜨기로 탄탄하게 만들었어요. 위쪽 가장자리는 포르투갈의 타일 디자인에서 영감을 받은 곡선 패턴이 특징입니다.

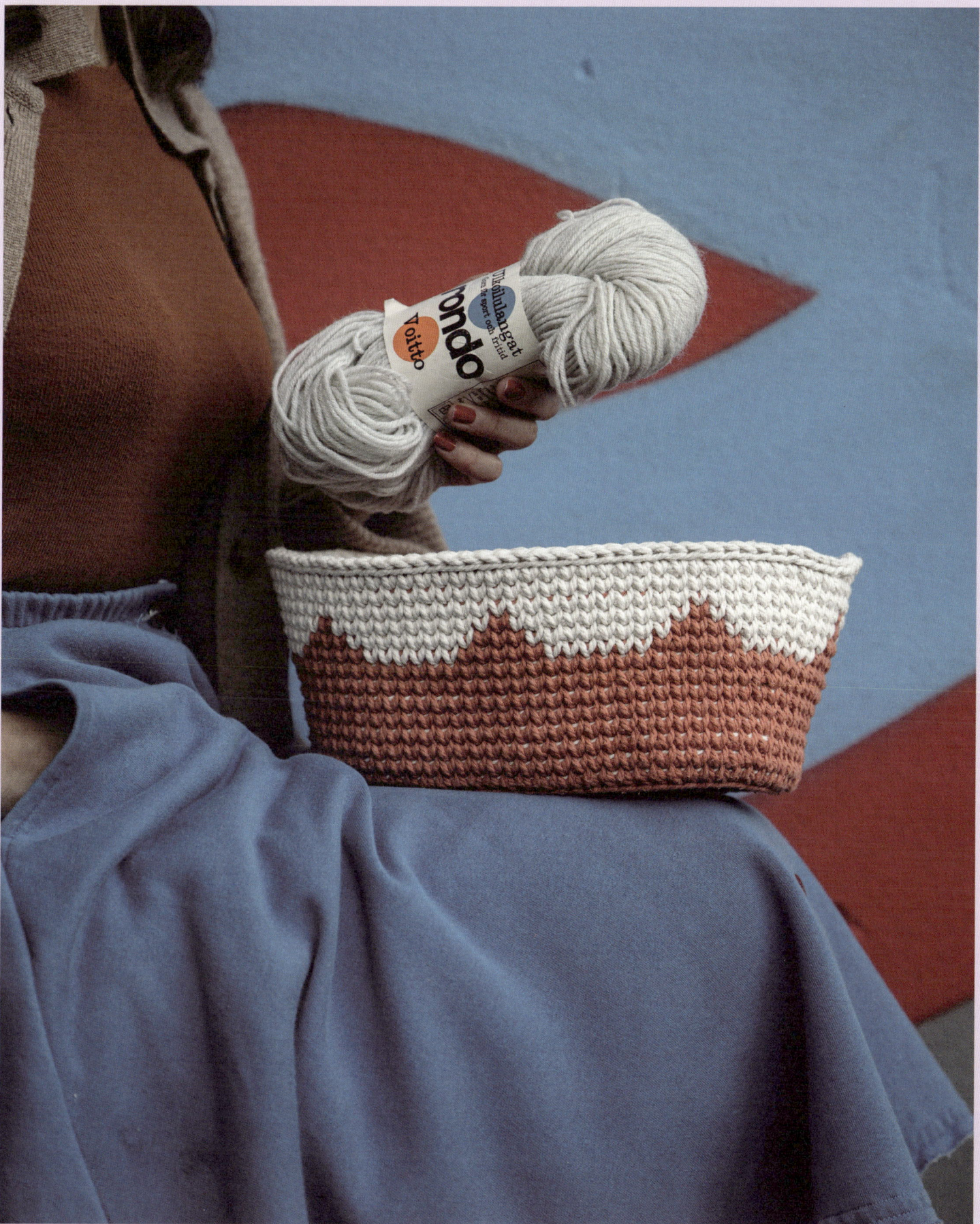

바수 바구니

크기	둘레 90cm(윗부분), 78cm(바닥), 높이 14cm
실	수오멘 란카 모파리 몹 얀(80% 재생 면, 20% 폴리에스테르, 1kg 1볼=310m) 갈색 500g, 흰색 200g
코바늘	6mm(모사용 10호)
게이지	짧은뜨기 5코×원형 6단=5×5cm

개요

바수 바구니는 두 가지 기법, 짧은뜨기와 메리야스뜨기를 사용한다. 바닥은 원형뜨기하며 모든 단을 빼뜨기로 연결하고, 바구니 옆면은 원통뜨기로 나선형으로 뜬다. 짧은뜨기는 코바늘에 실을 걸고 코머리의 실 두 가닥에 통과시킨다. 메리야스뜨기는 이전 단 짧은뜨기 코 가운데로 코바늘을 통과시킨다. 메리야스뜨기는 짧은뜨기보다 좀 더 탄탄하므로, 메리야스뜨기를 할 때는 인체공학적으로 만들어진 코바늘을 사용하도록 한다. 작품 전체를 뜨는 동안 당장 사용하지 않는 실은 코 안에 넣어가며 뜬다.

만드는 법

바닥

먼저 갈색 실로 사슬뜨기 15코를 뜬다.

원형 1단. 코바늘에서 두 번째 코에 짧은뜨기 3코를 뜨고, 흰색 실은 코 안에 넣어가며 같이 뜬다. 다음 12코에 짧은뜨기 1코씩. 마지막 코에 짧은뜨기 5코, 편물을 돌리고 기초 사슬코의 나머지 한쪽을 따라 다음 12코에 짧은뜨기 1코씩. 마지막 코에 짧은뜨기 2코(양쪽 끝에 짧은뜨기 5코씩이 된다). 빼뜨기로 단을 연결하고, 코 안에 넣어 뜨는 실은 빼뜨기 코 밖에 둔다.

원형 2단. 같은 코에 사슬뜨기 2코와 짧은뜨기 1코를 뜨고, 흰색 실을 코 안에 넣어가며, 다음 2코에 짧은뜨기 2코씩, 다음 12코에 짧은뜨기 1코씩. 모서리에서는 다음 5코에 짧은뜨기 2코씩. 다음 12코에 짧은뜨기 1코씩, 다음 2코에 짧은뜨기 2코씩(짧은뜨기 총 44코).

원형 3단. 사슬뜨기 2코를 뜨고, 흰색 실을 코 안에 넣어가며, 짧은뜨기 1코를 뜬다. 다음 코에 짧은뜨기 2코, 짧은뜨기 1코, 다음 코에 짧은뜨기 2코, 다음 14코에 짧은뜨기 1코씩. 모서리에서는 다음 코에 짧은뜨기 2코, 짧은뜨기 1코, 다음 코에 짧은뜨기 2코, 짧은뜨기 1코, 짧은뜨기 1코, 다음 코에 짧은뜨기 2코, 짧은뜨기 1코, 다음 코에 짧은뜨기 2코. 다음 14코에 짧은뜨기 1코씩, 다음 코에 짧은뜨기 2코, 짧은뜨기 1코, 다음 코에 짧은뜨기 2코(짧은뜨기 총 52코).

원형 4단. 사슬뜨기 2코를 뜨고, 각 코에 짧은뜨기 1코(짧은뜨기 총 52코).

원형 5단. 사슬뜨기 2코를 뜨고, 다음 3코에 짧은뜨기 1코씩. 다음 코에 짧은뜨기 2코, 짧은뜨기 1코, 짧은뜨기 1코, 다음 코에 짧은뜨기 2코, 다음 14코에 짧은뜨기 1코씩, 다음 코에 짧은뜨기 2코, 짧은뜨기 1코, 짧은뜨기 1코, 다음 코에 짧은뜨기 2코, 다음 4코에 짧은뜨기 1코씩, 다음 코에 짧은뜨기 2코, 짧은뜨기 1코, 짧은뜨기 1코, 다음 코에 짧은뜨기 2코, 다음 14코에 짧은뜨기 1코씩. 다음 코에 짧은뜨기 2코, 짧은뜨기 1코, 짧은뜨기 1코, 다음 코에 짧은뜨기 2코(짧은뜨기 총 60코).

원형 6단. 사슬뜨기 2코를 뜨고, 다음 3코에 짧은뜨기 1코씩. 다음 코에 짧은뜨기 2코, 짧은뜨기 1코, 짧은뜨기 1코, 다음 코에 짧은

뜨기 2코, 다음 18코에 짧은뜨기 1코씩, 다음 코에 짧은뜨기 2코, 짧은뜨기 1코, 짧은뜨기 1코, 다음 코에 짧은뜨기 2코, 다음 4코에 짧은뜨기 1코씩, 다음 코에 짧은뜨기 2코, 짧은뜨기 1코, 짧은뜨기 1코, 다음 코에 짧은뜨기 2코, 다음 18코에 짧은뜨기 1코. 다음 코에 짧은뜨기 2코, 짧은뜨기 1코, 짧은뜨기 1코, 다음 코에 짧은뜨기 2코(짧은뜨기 총 68코).

원형 7단. 사슬뜨기 2코를 뜨고, 다음 3코에 짧은뜨기 1코씩. 다음 코에 짧은뜨기 2코, 짧은뜨기 1코, 짧은뜨기 1코, 다음 코에 짧은뜨기 2코, 짧은뜨기 1코, 짧은뜨기 1코, 다음 코에 짧은뜨기 2코, 다음 16코에 짧은뜨기 1코씩, 다음 코에 짧은뜨기 2코, 짧은뜨기 1코, 짧은뜨기 1코, 다음 코에 짧은뜨기 2코, 짧은뜨기 1코, 짧은뜨기 1코, 다음 코에 짧은뜨기 2코, 다음 4코에 짧은뜨기 1코씩, 다음 코에 짧은뜨기 2코, 짧은뜨기 1코, 짧은뜨기 1코, 다음 코에 짧은뜨기 2코, 짧은뜨기 1코, 짧은뜨기 1코, 다음 코에 짧은뜨기 2코, 다음 16코에 짧은뜨기 1코씩. 다음 코에 짧은뜨기 2코, 짧은뜨기 1코, 짧은뜨기 1코, 다음 코에 짧은뜨기 2코, 짧은뜨기 1코, 짧은뜨기 1코, 다음 코에 짧은뜨기 2코(짧은뜨기 총 80코).

원형 8단. 사슬뜨기 1코를 뜨고, 각 코에 짧은뜨기 1코. 이번 단에서는 코의 뒤 반코에만 뜨고, 앞 반코는 편물 앞쪽에 남겨두세요.

바구니 옆면

계속해서 메리야스뜨기로 편물을 뜨고, 당장 사용하지 않는 실은 코 안에 넣어 뜬다. 여기에서부터는 눈에 보이는 이음매 없이 나선형으로 뜬다. 단이 바뀔 때마다 단코 표시링을 사용한다. 나선형으로 두 가지 이상의 색을 뜨는 경우, 무늬가 조금만 달라져도 단이 바뀔 때마다 티가 날 거예요.

원통 9~10단. 각 코에 메리야스뜨기 1코.

원통 11단. 메리야스뜨기 6코, 다음 코에 메리야스뜨기 2코, 다음 30코에 메리야스뜨기 1코씩, 다음 코에 메리야스뜨기 2코, 다음 8코에 메리야스뜨기 1코씩, 다음 코에 메리야스뜨기 2코, 다음 30코에 메리야스뜨기 1코씩, 다음 코에 메리야스뜨기 2코, 다음 2코에 메리야스뜨기 1코씩(메리야스뜨기 총 84코).

원통 12~13단. 각 코에 메리야스뜨기 1코.

원통 14단. 메리야스뜨기 5코, 다음 코에 메리야스뜨기 2코, 다음 34코에 메리야스뜨기 1코씩, 다음 코에 메리야스뜨기 2코, 다음 6코에 메리야스뜨기 1코씩, 다음 코에 메리야스뜨기 2코, 다음 34코에 메리야스뜨기 1코씩, 다음 코에 메리야스뜨기 2코, 메리야스뜨기 1코(메리야스뜨기 총 88코).

원통 15단. 각 코에 메리야스뜨기 1코.

원통 16단. 무늬가 시작된다. 갈색 실로 메리야스뜨기 4코, 코바늘에 마지막으로 실을 걸 때 흰색 실로 교체. *흰색 실로 메리야스뜨기 6코, 갈색 실로 메리야스뜨기 5코*, *-* 단 전체에서 총 8회 반복. 갈색 실로 메리야스뜨기 1코.

원통 17단. 갈색 실로 메리야스뜨기 3코, 코바늘에 마지막으로 실을 걸 때 흰색 실로 교체. *흰색 실로 메리야스뜨기 8코, 갈색 실로 메리야스뜨기 3코*, *-* 단 전체에서 총 8회 반복.

원통 18단. 갈색 실로 메리야스뜨기 2코, 코바늘에 마지막으로 실을 걸 때 흰색 실로 교체. *흰색 실로 메리야스뜨기 10코, 갈색 실로 메리야스뜨기 1코*, *-* 단 전체에서 총 8회 반복.

원통 19단. 흰색 실로 다음 4코에 메리야스뜨기 1코, 다음 코에 메리야스뜨기 2코, 다음 38코에 메리야스뜨기 1코씩, 다음 코에 메리야스뜨기 2코, 다음 4코에 메리야스뜨기 1코씩, 다음 코에 메리야스뜨기 2코, 다음 38코에 메리야스뜨기 1코씩, 다음 코에 메리야스뜨기 2코(메리야스뜨기 총 92코).

원통 20~21단. 흰색 실로 각 코에 메리야스뜨기 1코.

갈색 실을 자르고 실끝을 정리한다. 흰색 실로 빼뜨기 단을 뜬 다음, 실을 자르고 실끝을 정리한다.

바수 도안

바구니 둘레
아래 메리야스뜨기 80코, 위 메리야스뜨기 92코

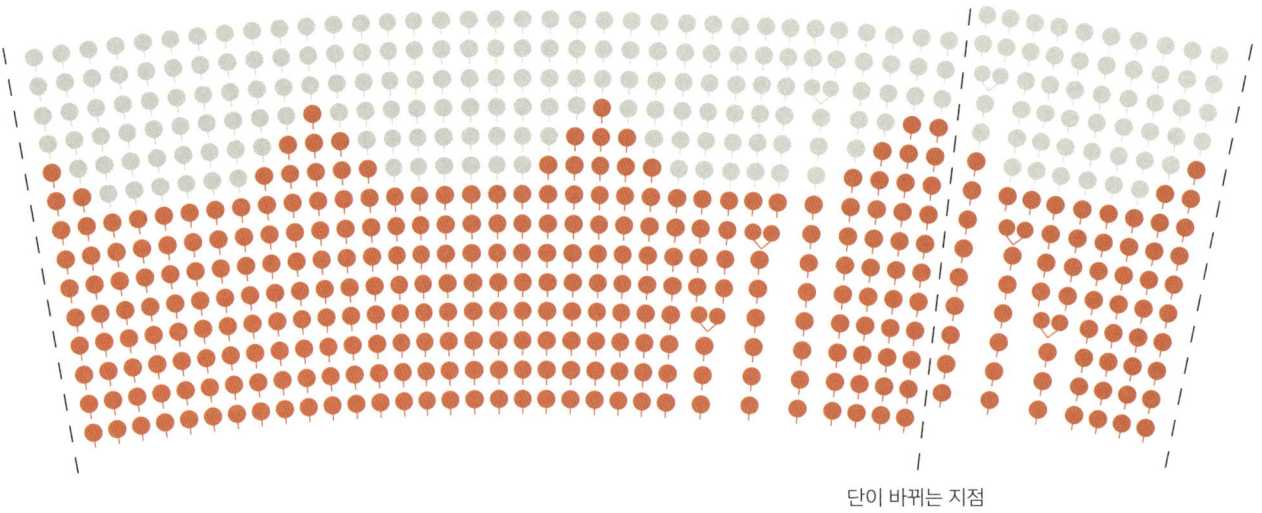

단이 바뀌는 지점

바닥 둘레
짧은뜨기 80코

—— 기초 사슬코

 ◉◉ 짧은뜨기(바닥),
메리야스뜨기(바구니 옆면)

◉◉ ♥ 코늘리기, 같은 코에 짧은뜨기 2코(바닥),
코늘리기, 같은 코에 메리야스뜨기 2코(바구니 옆면)

(빼뜨기

Raita

라이타

겉보기에는 작은 것 같지만, 그 속은 의외로 넓은 경우가 있어요. 라이타 포셰트가 바로 그래요. 작은 공간에 많은 물건을 넣을 수 있도록 잘 만들어졌답니다. 그런 면에서는 제 작업실을 닮았네요. 비밀은 바로 둥근 옆면에 있어요. 수납할 공간도 넓어지고 보기에도 예쁘답니다.

하루 동안 필요한 모든 것을 이 가방에 넣을 수 있어요. 예를 들면 노트와 도시락, 뜨고 있는 코바늘뜨기 작품까지요. 라이타 포셰트를 더 가는 실로 뜨면 어떤 모습인지도 꼭 봐주세요.

라이타 포셰트

크기	너비 20cm, 높이 20cm, 옆면 폭 10cm
실	수오멘 란카 바르피 트와인(100% 면, 500g 1볼=500m) 검은색 200g, 흰색 200g
코바늘	3.5mm(모사용 6호)
게이지	짧은뜨기 9코×10단=5×5cm
기타	가죽끈, 지름 25mm 금속 링 2개, 스냅후크 2개, 가방 잠금장치

개요

라이타 포셰트는 한 번에 한 가지 색깔의 실로 왕복하며 짧은 뜨기로 뜬다. 아치 모양으로 만들기 위해 작품 전체를 뜨는 동안 일정하게 콧수를 늘려준다. 기다란 가방 본체 하나와 작은 옆면 두 개를 뜬 다음, 편물들을 짧은뜨기로 서로 연결한다.

만드는 법

본체

먼저 흰색 실로 사슬뜨기 82코를 뜬다. 각 단의 시작은 사슬뜨기 1코를 뜨고, 이 코를 짧은뜨기 1코로 간주한다.

1단. 코바늘에서 두 번째 코에 짧은뜨기 1코, 다음 79코에 짧은뜨기 1코씩. 마지막 코에 짧은뜨기 3코, 편물을 돌리고, 기초 사슬코의 나머지 한쪽을 따라 다음 80코에 짧은뜨기 1코씩. 1단은 짧은뜨기 총 163코. 실을 자른다.

2단. 편물을 뒤집고, 검은색 실로 교체. 다음 80코에 짧은뜨기 1코씩. 흰색 실끝을 코의 안쪽으로 정리해가면서 뜬다. 모서리에서 짧은뜨기 2코, 짧은뜨기 3코, 짧은뜨기 2코. 다음 80코에 짧은뜨기 1코씩.

3단. 편물을 뒤집고, 사슬뜨기 1코. 다음 79코에 짧은뜨기 1코씩. 모서리에서 짧은뜨기 2코, 짧은뜨기 1코, 짧은뜨기 2코, 짧은뜨기 2코, 짧은뜨기 2코, 짧은뜨기 1코, 짧은뜨기 2코. 다음 80코에 짧은뜨기 1코씩. 실을 자른다.

4단. 편물을 뒤집고, 흰색 실로 교체. 다음 81코에 짧은뜨기 1코씩. 검은색 실끝을 코의 안쪽으로 정리해가면서 뜬다. 모서리에서 짧은뜨기 2코, 짧은뜨기 1코, 짧은뜨기 2코, 짧은뜨기 1코, 짧은뜨기 2코, 짧은뜨기 2코, 짧은뜨기 1코, 짧은뜨기 2코, 짧은뜨기 1코, 짧은뜨기 2코. 다음 81코에 짧은뜨기 1코씩.

5단. 편물을 뒤집고, 사슬뜨기 1코, 각 코에 짧은뜨기 1코. 실을 자른다.

6단. 편물을 뒤집고, 검은색 실로 교체. 다음 81코에 짧은뜨기 1코. 흰색 실끝을 코의 안쪽으로 정리해가면서 뜬다. 모서리에서 짧은뜨기 2코, 짧은뜨기 1코, 짧은뜨기 1코, 짧은뜨기 2코, 짧은뜨기 1코, 짧은뜨기 1코, 짧은뜨기 2코, 짧은뜨기 1코, 짧은뜨기 1코, 짧은뜨기 2코, 짧은뜨기 1코, 짧은뜨기 1코, 짧은뜨기 2코. 다음 81코에 짧은뜨기 1코씩.

7단. 편물을 뒤집고, 사슬뜨기 1코, 각 코에 짧은뜨기 1코. 실을 자른다.

8단. 편물을 뒤집고, 흰색 실로 교체. 다음 86코에 짧은뜨기 1코씩. 검은색 실끝을 코의 안쪽으로 정리해가면서 뜬다. 모서리에서 짧은뜨기 2코, 짧은뜨기 1코, 짧은뜨기 1코, 짧은뜨기 1코, 짧은뜨기 2코, 짧은뜨기 1코, 짧은뜨기 1코, 짧은뜨기 2코, 짧은뜨기 1코, 짧은뜨기 1코, 짧은뜨기 1코, 짧은뜨기 2코. 다음 86코에 짧은뜨기 1코씩.

9단. 편물을 뒤집고, 사슬뜨기 1코, 각 코에 짧은뜨기 1코. 실을 자른다.

10단. 편물을 뒤집고, 검은색 실로 교체. 다음 86코에 짧은뜨기 1코씩. 흰색 실끝을 코의 안쪽으로 정리해가면서 뜬다. 모서리에서 짧은뜨기 2코, 짧은뜨기 1코, 짧은뜨기 1코, 짧은뜨기 2코, 짧은뜨기 1코, 짧은뜨기 1코, 짧은뜨기 2코, 짧은뜨기 1코, 짧은뜨기 1코, 짧은뜨기 2코, 짧은뜨기 1코, 짧은뜨기 1코, 짧은뜨기 2코, 짧은뜨기 1코, 짧은뜨기 1코, 짧은뜨기 2코. 다음 86코에 짧은뜨기 1코씩.

11단. 편물을 뒤집고, 사슬뜨기 1코, 각 코에 짧은뜨기 1코. 실을 자른다.

12단. 편물을 뒤집고, 흰색 실로 교체. 다음 89코에 짧은뜨기 1코씩. 검은색 실끝을 코의 안쪽으로 정리해가면서 뜬다. 모서리에서 짧은뜨기 2코, 짧은뜨기 1코, 짧은뜨기 1코, 짧은뜨기 1코, 짧은뜨기 2코, 짧은뜨기 1코, 짧은뜨기 1코, 짧은뜨기 1코, 짧은뜨기1코, 짧은뜨기 1코, 짧은뜨기 1코, 짧은뜨기 2코, 짧은뜨기 1코, 짧은뜨기 1코, 짧은뜨기 1코, 짧은뜨기 2코. 다음 89코에 짧은뜨기 1코씩.

13단. 편물을 뒤집고, 사슬뜨기 1코, 각 코에 짧은뜨기 1코. 실을 자른다.

14단. 편물을 뒤집고, 검은색 실로 교체. 다음 92코에 짧은뜨기 1코씩. 흰색 실끝을 코의 안쪽으로 정리해가면서 뜬다. 모서리에서 짧은뜨기 2코, 짧은뜨기 1코, 짧은뜨기 1코, 짧은뜨기 2코, 짧은뜨기 1코, 짧은뜨기 1코, 짧은뜨기 1코, 짧은뜨기 1코, 짧은뜨기 2코, 짧은뜨기 1코, 짧은뜨기 1코, 짧은뜨기 1코, 짧은뜨기 2코. 다음 92코에 짧은뜨기 1코씩.

15단. 편물을 뒤집고, 사슬뜨기 1코, 각 코에 짧은뜨기 1코. 실을 자른다.

16단. 편물을 뒤집고, 흰색 실로 교체. 다음 86코에 짧은뜨기 1코씩. 검은색 실끝을 코의 안쪽으로 정리해가면서 뜬다. 짧은뜨기 2코, 다음 28코에 짧은뜨기 1코씩, 짧은뜨기 2코. 다음 86코에 짧은뜨기 1코씩.

17단. 편물을 뒤집고, 사슬뜨기 1코, 각 코에 짧은뜨기 1코. 실을 자른다.

18단. 편물을 뒤집고, 검은색 실로 교체. 다음 88코에 짧은뜨기 1코씩. 흰색 실끝을 코의 안쪽으로 정리해가면서 뜬다. 모서리에서 짧은뜨기 2코, 짧은뜨기 1코, 짧은뜨기 1코, 짧은뜨기 1코, 짧은뜨기 1코, 짧은뜨기 2코, 짧은뜨기 1코, 짧은뜨기 1코, 짧은뜨기 1코, 짧은뜨기 1코, 짧은뜨기 2코, 짧은뜨기 1코, 짧은뜨기 1코, 짧은뜨기 1코, 짧은뜨기 1코, 짧은뜨기 2코, 짧은뜨기 1코, 짧은뜨기 1코, 짧은뜨기 1코, 짧은뜨기 1코, 짧은뜨기 2코. 다음 88코에 짧은뜨기 1코씩.

19단. 편물을 뒤집고, 사슬뜨기 1코, 각 코에 짧은뜨기 1코. 실을 자른다.

20단. 편물을 뒤집고, 흰색 실로 교체. 각 코에 짧은뜨기 1코. 검은색 실끝을 코의 안쪽으로 정리해가면서 뜬다. 실을 자르고 실끝을 정리한다.

옆면

먼저 흰색 실로 사슬뜨기 24코를 뜬다.

1단. 코바늘에서 두 번째 코에 짧은뜨기 1코. 다음 21코에 짧은뜨기 1코씩. 마지막 코에 짧은뜨기 3코를 뜨고, 편물을 돌리고, 기초 사슬코의 나머지 한쪽을 따라 다음 22코에 짧은뜨기 1코씩. 1단은 짧은뜨기 총 47코. 실을 자른다.

2단. 편물을 뒤집고, 검은색 실로 교체. 다음 22코에 짧은뜨기 1코씩. 흰색 실끝을 코의 안쪽으로 정리해가면서 뜬다. 모서리에서 짧은뜨기 2코, 짧은뜨기 3코, 짧은뜨기 2코. 다음 22코에 짧은뜨기 1코씩.

3단. 편물을 뒤집고, 사슬뜨기 1코를 뜬다. 다음 21코에 짧은뜨기 1코씩. 모서리에서 짧은뜨기 2코, 짧은뜨기 1코, 짧은뜨기 2코, 짧은뜨기 2코, 짧은뜨기 2코, 짧은뜨기 1코, 짧은뜨기 2코. 다음 22코에 짧은뜨기 1코씩. 실을 자른다.

4단. 편물을 뒤집고, 흰색 실로 교체. 다음 23코에 짧은뜨기 1코씩. 검은색 실끝을 코의 안쪽으로 정리해가면서 뜬다. 모서리에서 짧은뜨기 2코, 짧은뜨기 1코, 짧은뜨기 2코, 짧은뜨기 1코, 짧은뜨기 2코, 짧은뜨기 2코, 짧은뜨기 1코, 짧은뜨기 2코, 짧은뜨기 1코, 짧은뜨기 2코. 다음 23코에 짧은뜨기 1코씩.

5단. 편물을 뒤집고, 사슬뜨기 1코를 뜨고, 각 코에 짧은뜨기 1코. 실을 자른다.

6단. 편물을 뒤집고, 검은색 실로 교체. 다음 23코에 짧은뜨기 1코씩. 흰색 실끝을 코의 안쪽으로 정리해가면서 뜬다. 모서리에서 짧은뜨기 2코, 짧은뜨기 1코, 짧은뜨기 1코, 짧은뜨기 2코, 짧은뜨기 1코, 짧은뜨기 1코, 짧은뜨기 2코, 짧은뜨기 1코, 짧은뜨기 1코, 짧은뜨기 2코, 짧은뜨기 1코, 짧은뜨기 1코, 짧은뜨기 2코, 짧은뜨기 1코, 짧은뜨기 1코, 짧은뜨기 2코. 다음 23코에 짧은뜨기 1코씩.

7단. 편물을 뒤집고, 사슬뜨기 1코를 뜨고, 각 코에 짧은뜨기 1코. 실을 자른다.

8단. 편물을 뒤집고, 흰색 실로 교체. 다음 28코에 짧은뜨기 1코씩. 검은색 실끝을 코의 안쪽으로 정리해가면서 뜬다. 모서리에서 짧은뜨기 2코, 짧은뜨기 1코, 짧은뜨기 1코, 짧은뜨기 1코, 짧은뜨기 2코, 짧은뜨기 1코, 짧은뜨기 1코, 짧은뜨기 2코, 짧은뜨기 1코, 짧은뜨기 1코, 짧은뜨기 1코, 짧은뜨기 2코. 다음 28코에 짧은뜨기 1코씩. 실을 자르고 실끝을 정리한다.

똑같은 편물을 하나 더 만든다.

꿰매기

작은 옆면을 긴 본체 아래에 겉쪽이 밖을 향하도록 둔다. 먼저 오른쪽 모서리에서부터 코바늘을 두 겹 모두에 통과시키고, 짧은뜨기로 두 편물을 서로 연결한다. 솔기는 편물 겉쪽에서 보인다.

계속해서 긴 가방 본체를 따라 짧은뜨기를 뜨고, 나머지 한쪽 옆면도 연결한다. 실을 자르고 실끝을 정리한다.

가방 잠금장치를 알맞은 위치에 달아준다. 금속 링을 양쪽 옆면의 상단에 달고, 어깨에 멜 수 있게 가죽끈을 링에 꿰맨다.

라이타

도안, 옆면

| | 1 | 3 | 5 | 7 | 8 |

	기초 사슬코
○ ●	사슬뜨기
○ ●	짧은뜨기
○○ ●●	코늘리기, 같은 코에 짧은뜨기 2코 뜨기

도안, 본체

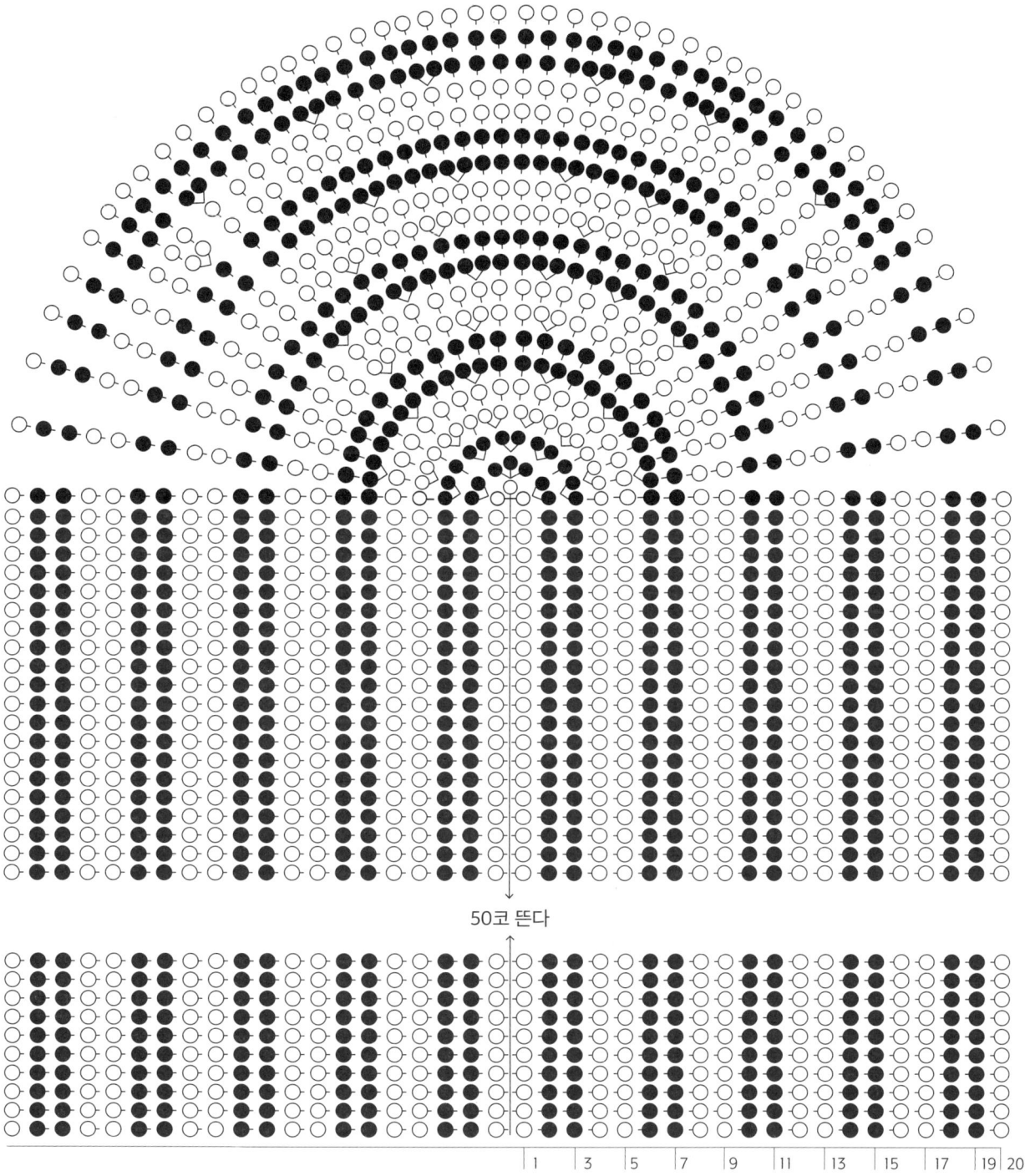

50코 뜬다

| | 1 | 3 | 5 | 7 | 9 | 11 | 13 | 15 | 17 | 19 | 20 |

라이타 포세트는 가는 실로도 만들 수 있다.
다른 실을 선택하면 완성된 가방의 크기가 달라진다.

Keto

케토

이번에 소개하는 친숙한 무늬는 소중한 기억을 떠올리게 해요. 어쩌면 여러분도 1970년대 독일의 비닐 벽지가 그려진 그림책이나 여전히 복고풍 비닐 장판을 팔고 있는 철물점에서 이 무늬를 보았을지도 몰라요. 과거의 중요한 순간을 떠올리게 하는 냄새처럼, 이 단순하고 선명한 무늬는 지워지지 않는 흔적을 남긴답니다.

이 무늬에 대한 저의 기억은 핀란드 라이히아의 욕실에서 시작돼요. 그 욕실 풍경과 선라이트 비누의 향기가 잊을 수 없는 조합을 만들어냈어요. 비닐 벽지를 바른 그 벽은 어린 소녀에게 매우 인상적이었고, 많은 시간이 흐른 후 그 기억은 코바늘뜨기 작품으로 변하게 되었어요. 저는 똑같은 무늬를 따뜻한 담요와 쿠션, 가방에도 사용했습니다.

케토 담요

크기	너비 115cm, 길이 140cm
실	베타니트 알파카 브러시(44% 알파카, 44% 울, 12% 폴리아미드, 50g 1볼=200m) 갈색 9볼, 흰색 11볼
코바늘	7mm
게이지	짧은뜨기 10코×10단=10×10cm

개요

케토 담요는 짧은뜨기로 왕복하며 뜨고, 작품 전체를 뜨는 동안 당장 사용하지 않는 실을 코 안에 넣어가며 같이 뜬다. 코 안쪽으로 가져가는 실은 바짝 당기지 않고 느슨하게 유지해야 한다. 실 고리가 편물의 겉쪽에서 보이지 않도록 마지막 코에는 넣어 뜨지 않는다. 코를 뜨면서 마지막으로 코바늘에 실을 걸 때 실의 색을 바꾼다.

만드는 법

먼저 흰색 실로 사슬뜨기 131코를 뜨고, 빼뜨기 단을 위해 실끝을 7m 남겨둔다.

1단. 코바늘에서 두 번째 코에 짧은뜨기 1코, 갈색 실을 코 안에 넣어가며 같이 뜬다. *짧은뜨기 15코, 코바늘에 마지막으로 실을 걸 때 갈색 실로 교체, 짧은뜨기 2코, 코바늘에 마지막으로 실을 걸 때 흰색 실로 교체, 짧은뜨기 15코*, *-* 단 전체에서 총 4회 반복. 짧은뜨기 1코를 더 뜬다. 마지막 코에는 갈색 실을 넣어 뜨지 않는다.

1단은 짧은뜨기 총 130코로, 무늬가 4회 반복되고 편물 양끝에 짧은뜨기 1코씩 있다. 반복되는 무늬 하나의 너비는 짧은뜨기 32코, 높이는 32단이다.

2단. 흰색 실로 사슬뜨기 1코를 뜨고, 이 코를 각 단의 첫 번째 짧은뜨기로 간주한다. 갈색 실을 코 안에 넣어가며, 1단과 동일하게 뜬다.

3단. 흰색 실로 사슬뜨기 1코를 뜨고, 갈색 실을 코 안에 넣어가며 같이 뜬다. *흰색 실로 짧은뜨기 2코, 갈색 실로 짧은뜨기 28코, 흰색 실로 짧은뜨기 2코*, *-* 단 전체에서 총 4회 반복. 짧은뜨기 1코를 더 뜬다.

4단. 흰색 실로 사슬뜨기 1코를 뜨고, 갈색 실을 코 안에 넣어가며 같이 뜬다. *짧은뜨기 1코, 갈색 실로 교체, 짧은뜨기 30코, 흰색 실로 교체, 짧은뜨기 1코*, *-* 단 전체에서 총 4회 반복. 짧은뜨기 1코를 더 뜬다.

5~162단. 총 162단을 뜬다(무늬를 세로로 5회 반복하고, 맨 위 두 단도 무늬대로 뜬다).

흰색 실로 편물의 양쪽 끝에 빼뜨기 단을 뜬다. 실들을 자르고 실 끝을 정리한다.

짧은뜨기

케토

도안

무늬 반복 / 너비 짧은뜨기 32코, 높이 32단

케토 무늬, 도안 디테일   ○ ● 짧은뜨기

케토 쿠션은 케토 담요와 동일한 방법으로 뜬다. 쿠션의 너비는
66코(무늬를 2회 반복하고, 무늬에 따라 양끝에 짧은뜨기 1코씩),
높이는 66단이다.

똑같은 편물을 두 개 떠서 겉쪽이 밖을 향하도록 겹쳐두고,
짧은뜨기로 3면을 연결한다. 안쪽에 쿠션솜을 넣고, 짧은뜨기로
네 번째 면을 연결한다. 얇은 가죽 손잡이를 쿠션의 위쪽 솔기에
꿰어준 다음 묶는다.

크기	너비 45cm, 길이 45cm
실	베타니트 프라토 코튼 (100% 재생 면, 100g 1볼=100m) 연보라색 4볼, 흰색 7볼
코바늘	4.5mm(모사용 7.5호)
게이지	짧은뜨기 8코×8단=5×5cm
기타	손잡이용 얇은 가죽끈 20cm, 45×45cm 쿠션솜

케토 무늬로 담요나 쿠션뿐 아니라 가방을 만들 수도 있다.
이 토트백의 너비는 짧은뜨기 100코, 높이는 98단이다.
똑같은 편물을 두 개 뜨고, 편물 윗부분의 안쪽 면에 지퍼를
꿰맨 다음, 지퍼의 시접 위에 면 리본을 꿰맨다. 흰색 실로 나머지
3면을 짧은뜨기로 연결하고, 실을 자르고 실끝을 정리한다.
마지막으로 두 개의 가죽 손잡이를 가방에 달아준다.

크기	너비 32cm, 길이 32cm
실	수오멘 란카 몰라 트와인 12-ply(100% 면, 500g 1볼=840m) 토마토레드 200g
	리나 트와인 12-ply 흰색 200g
코바늘	1.75mm(레이스용 0호)
게이지	짧은뜨기 16코×16단=5×5cm
기타	얇은 가죽끈 35cm 2개, 지퍼 30cm, 면 리본 70cm

Kannu

칸누

수많은 박물관의 진열장에 화병과 항아리, 기타 생활 도자기들이 전시되어 있어요. 점토로 만든 이런 물건들은 평범해 보여서 그냥 지나치기 십상이지만, 만약 시간을 갖고 멈춰 서서 좀 더 세밀히 살펴본다면 우리 조상들의 솜씨와 오래전 일상생활의 자취를 찾아볼 수 있을 거예요. 각각의 항아리의 곡선 모양은 그 항아리가 만들어진 당시의 문화를 이야기하고 아름다운 문양은 과거의 상징에 대한 식견을 넓혀줍니다.

다음번에 박물관에 간다면, 도자기의 형태를 잘 관찰한 다음 그 모양을 코바늘뜨기 작업에 적용해보세요. 단순히 콧수를 늘리고 줄이는 것만으로도 아름다운 항아리를 만들 수 있답니다.

칸누 용기

크기	높이 20cm, 지름 20cm
실	수오멘 란카 모파리 트위스티드 몹 얀(80%
	재생 면, 20% 폴리에스테르, 1kg 1볼=310m)
	누드색 550g
코바늘	6mm(모사용 10호)
게이지	메리야스뜨기 5코×원형 6단=5×5cm

개요

칸누 용기는 바닥은 원형뜨기로 시작해 항아리 형태는 메리야스뜨기 원통뜨기로 뜬다. 짧은뜨기는 코바늘에 실을 걸고 코머리의 실 두 가닥에 통과시킨다. 메리야스뜨기는 이전 단 짧은뜨기 코 가운데로 코바늘을 통과시킨다. 메리야스뜨기는 짧은뜨기보다 좀 더 탄탄하다.

만드는 법

바닥

원형 1단. 손가락에 실을 감아서 매직링을 만들고, 실끝을 코 안에 넣어가며 매직링에 짧은뜨기 10코. 실끝을 바짝 당겨서 구멍을 조여준다. 계속해서 나선형으로 원형 2단을 뜬다.

원형 2단. 각 코에 짧은뜨기 2코(짧은뜨기 총 20코).

원형 3단. 2번째 코마다 짧은뜨기 2코, 나머지 코들은 짧은뜨기 1코(짧은뜨기 총 30코).

원형 4단. 3번째 코마다 짧은뜨기 2코, 나머지 코들은 짧은뜨기 1코(짧은뜨기 총 40코).

원형 5단. 각 코의 뒤 반코에만 짧은뜨기 1코. 이렇게 뜨면 편물 겉쪽에 보이는 이음매가 만들어진다.

항아리 옆면

메리야스뜨기. 계속해서 메리야스뜨기를 원통으로 뜨고, 항아리 모양을 만들기 위해 콧수를 늘리고 줄인다.

원통 6~7단. 각 코에 메리야스뜨기 1코.

원통 8단. 5번째 코마다 메리야스뜨기 2코(코늘리기), 나머지 코들은 메리야스뜨기 1코(메리야스뜨기 총 48코).

원통 9~10단. 각 코에 메리야스뜨기 1코.

원통 11단. 6번째 코마다 메리야스뜨기 2코(코늘리기), 나머지 코들은 메리야스뜨기 1코(메리야스뜨기 총 56코).

원통 12~20단. 각 코에 메리야스뜨기 1코.

원통 21단. 5번째 코와 6번째 코 모아뜨기, 이후 6번째 코마다 모아뜨기(코줄이기), 나머지 코들은 메리야스뜨기 1코(메리야스뜨기 총 47코).

원통 22~23단. 각 코에 메리야스뜨기 1코.

원통 24단. 9번째 코와 10번째 코 모아뜨기, 이후 10번째 코마다 모아뜨기(코줄이기), 나머지 코들은 메리야스뜨기 1코(메리야스뜨기 43코).

원통 25~28단. 각 코에 메리야스뜨기 1코.

원통 29단. 주둥이. 다음 20코에 메리야스뜨기 1코씩, 다음 코에 메리야스뜨기 2코, 메리야스뜨기 1코, 다음 코에 메리야스뜨기 2코. 다음 20코에 메리야스뜨기 1코씩.

원통 30단. 다음 21코에 메리야스뜨기 1코씩, 다음 3코에 메리야스뜨기 2코씩. 다음 21코에 메리야스뜨기 1코씩.

원통 31단. 각 코에 메리야스뜨기 1코.

빼뜨기 단을 원통으로 뜬다. 실을 자르고 실끝을 정리한다.

Polku

폴쿠

이번에 선보이는 구불구불하고 그라피티처럼 보이는 무늬는 햇살이 쏟아지는 마이애미 윈우드의 거리에서 튀어나온 듯한 모습이에요. 저는 그곳의 멋진 중고물품 가게에서, 밝은 오렌지색의 3층 높이 벽화에서, 여기에서 소개하는 것과 비슷한 러그에서 이 무늬를 볼 수 있었어요.

코바늘뜨기로 여러 번 시도하고 나서야, 폴쿠 무늬는 제가 그날 윈우드에서 스케치북에 그린 모습과 닮아가기 시작했어요. 저는 그 스케치를 하면서 저를 그곳, 카지노와 쿠바 음악의 중심지로 데려다준 저만의 길에 대해 생각했어요. 그 길은 결코 직선으로 뻗은 길이 아니었어요.

이 러그를 건너가는 유일한 방법은 털실로 짠 양말을 신고, 구불구불한 길의 곡선을 따라가는 거예요.

폴쿠 러그

크기	너비 74cm, 길이 3m
실	란카바 마틸다 얀(80% 재생 면, 20% 폴리에스테르, 500g 1볼=140m) 검은색 8볼, 흰색 11볼
코바늘	7mm
게이지	짧은뜨기 9코×10단=10cm×10cm

개요

폴쿠 러그는 짧은뜨기로 왕복하며 뜨고, 작품 전체를 뜨는 동안 당장 사용하지 않는 실은 코 안에 넣어가며 같이 뜬다. 코의 안쪽으로 가져가는 실은 바짝 당기지 않고 느슨하게 유지한다. 실 고리가 편물의 겉쪽에서 보이지 않도록 각 단의 마지막 코에는 넣어 뜨지 않는다. 코를 뜨면서 코바늘에 마지막으로 실을 걸 때 실의 색을 바꾼다.

만드는 법

먼저 흰색 실로 사슬뜨기 68코를 뜨고, 빼뜨기 단을 위해 실끝을 3m 남겨둔다.

1단. 코바늘에서 두 번째 코에 짧은뜨기 1코를 뜨고, 검은색 실을 코 안쪽에 넣어가며 같이 뜬다. 짧은뜨기 5코, 코바늘에 마지막으로 실을 걸 때 검은색 실로 교체. 검은색 실로 짧은뜨기 11코, 흰색 실로 짧은뜨기 11코, 검은색 실로 짧은뜨기 28코, 흰색 실로 짧은뜨기 11코. 마지막 코에는 검은색 실을 넣어 뜨지 않는다.

짧은뜨기 총 67코로, 단 전체가 하나의 무늬를 이룬다. 반복되는 무늬 하나의 너비는 짧은뜨기 67코, 높이는 40단이다.

2단. 흰색 실로 사슬뜨기 1코, 이 코를 각 단의 첫 번째 짧은뜨기로 간주하고, 검은색 실을 코 안쪽에 넣어가며 같이 뜬다. 흰색 실로 짧은뜨기 11코, 검은색 실로 짧은뜨기 28코, 흰색 실로 짧은뜨기 11코, 검은색 실로 짧은뜨기 10코, 흰색 실로 짧은뜨기 6코.

3~250단. 무늬 도안을 따라 뜬다. 총 250단으로, 무늬를 세로로 6회 반복하고, 계속해서 무늬를 따라 10단을 더 뜬다.

흰색 실로 편물의 양쪽 끝에 빼뜨기 단을 뜬다. 실들을 자르고 실끝을 정리한다.

폴쿠 도안

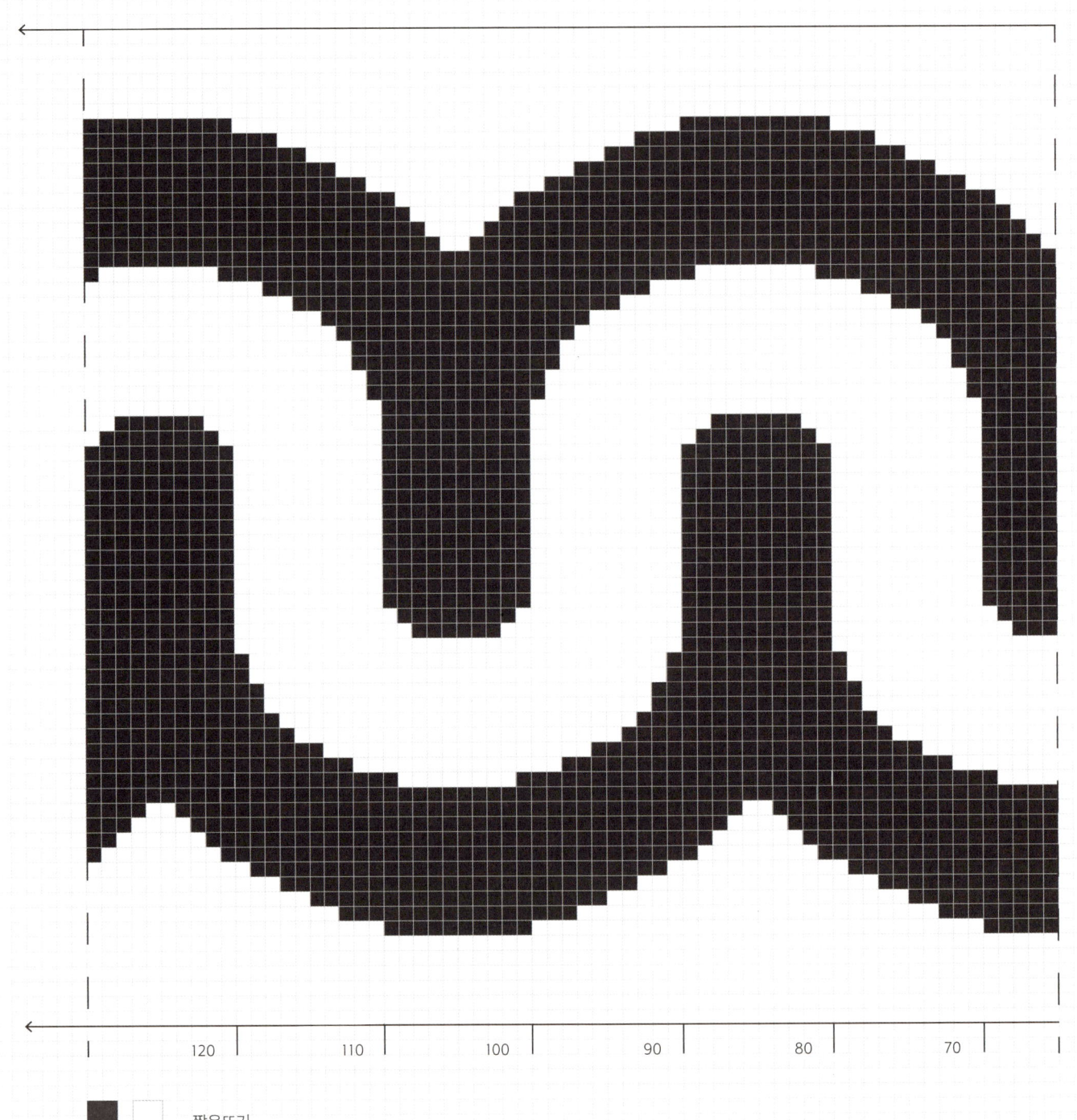

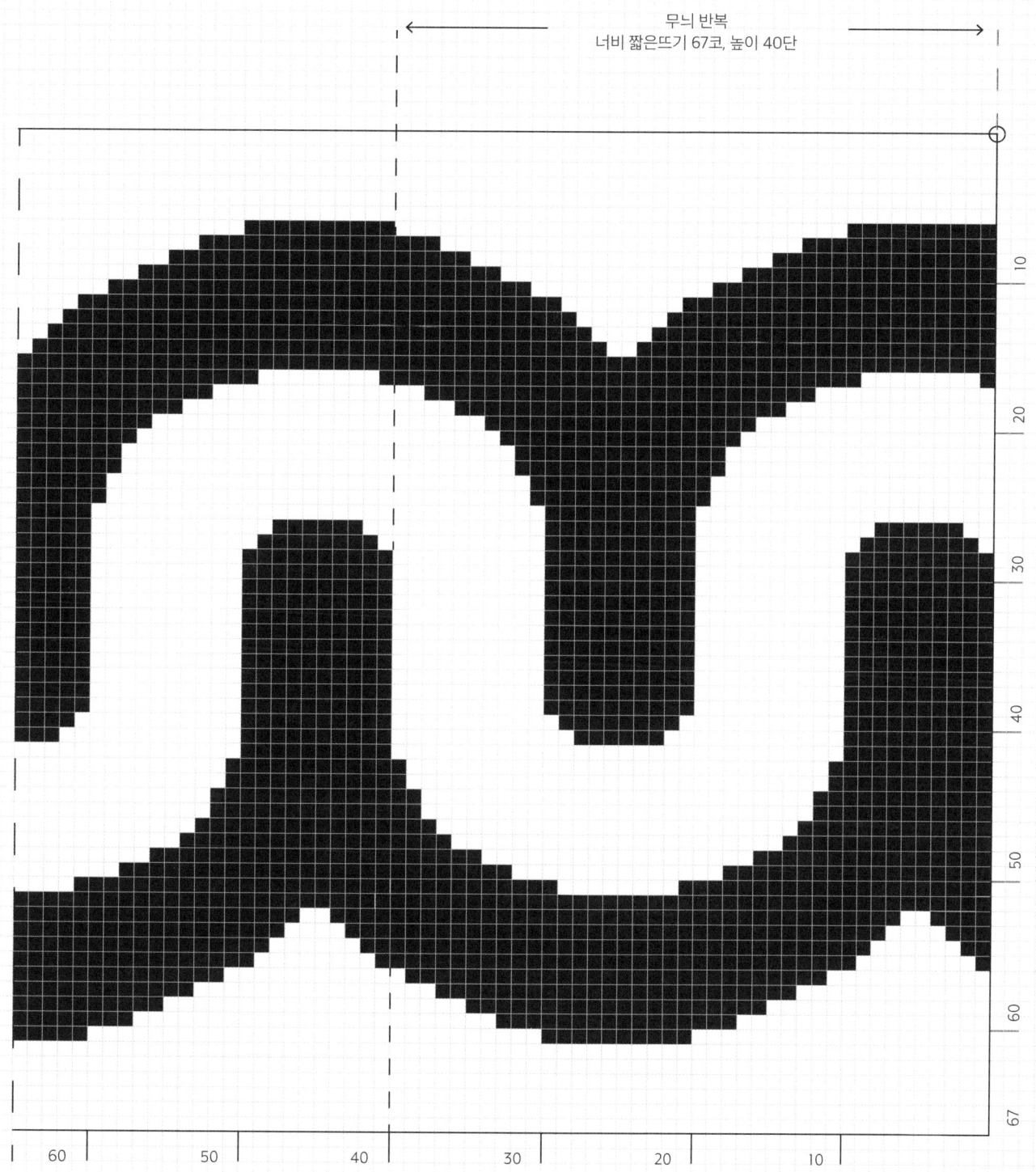

무늬 반복
너비 짧은뜨기 67코, 높이 40단

Ruutu

루투

이 사각형 무늬는 어디에서나 볼 수 있어요. 오래된 집 창틀에서,
1980년대풍 체크무늬 바지에서, 학교에서 쓰던 공책에서도요.
저희 어머니는 이 무늬로 찻주전자 덮개를 만드셨답니다. 시중에
판매되고 있는 십자수 천도 이와 똑같은 사각형 무늬를 바탕으로
만들어집니다.

손으로 물건을 만드는 사람들은 그 물건에 자신만의 이야기를 담
아요. 만드는 과정에서 크기와 용도, 심지어 재료까지도 바뀔 수
있지요. 손뜨개의 가장 큰 장점 두 가지는 변화시킬 수 있고 다양
하게 활용할 수 있다는 거예요. 하나의 단순한 무늬가 정말 많은
다른 작업에서 사용될 수 있답니다. 이번에는 이 클래식한 무늬를
테이블매트와 바닥 매트에 응용해보았어요.

루투 테이블매트

크기	너비 35cm(양쪽 끝의 종이실은 포함하지 않음), 높이 60cm
실	수오멘 란카 바르피 트와인(100% 면, 500g 1볼=500m) 검은색 200g, 흰색 200g, 란카바 필로나 플랫 페이퍼 리본(100% 종이, 100g 1볼=87m, 0.80Nm) 베이지색 100g
코바늘	4mm(모사용 7호)
게이지	짧은뜨기 9코×8단=5cm×5cm

개요

루투 테이블매트는 짧은뜨기로 왕복하며 뜨고, 작품 전체를
뜨는 동안 당장 사용하지 않는 실을 코 안에 넣어가며 같이 뜬
다. 3단부터 홀수 단마다 종이실도 코 안쪽에 넣어가며 같이
뜬다. 코 안쪽으로 가져가는 실은 바짝 당기지 않고 느슨하게
유지해야 한다. 실 고리가 편물의 겉쪽에서 보이지 않도록 마
지막 코에는 넣어 뜨지 않는다. 코를 뜨면서 코바늘에 마지막
으로 실을 걸 때 실의 색을 바꾼다.

만드는 법

종이실을 3m 길이로 총 40가닥 자르고, 네 번 접어서 60cm로 만든다.

먼저 흰색 실로 사슬뜨기 65코를 뜨고, 빼뜨기 단을 위해 실끝을 3m 남겨둔다.

1단. 코바늘에서 두 번째 코에 짧은뜨기 1코, 검은색 실은 코 안에 넣어가며 같이 뜬다. 흰색 실로 짧은뜨기 3코, 코바늘에 마지막으로 실을 걸 때 검은색 실로 교체. *검은색 실로 짧은뜨기 6코, 흰색 실로 짧은뜨기 4코*. *-* 6회 반복. 마지막 코에는 검은색 실을 넣어 뜨지 않는다.

1단은 짧은뜨기 총 64코로, 무늬가 6회 반복되고 이어서 무늬대로 짧은뜨기 4코를 뜬다. 반복되는 무늬 하나의 너비는 짧은뜨기 10코.

2단. 흰색 실로 사슬뜨기 1코를 뜨고, 이 코를 각 단의 첫 번째 짧은뜨기로 간주한다. 검은색 실을 코 안에 넣어가며 1단과 동일하게 뜬다.

3단. 종이실을 코 안에 넣어가며 같이 뜬다. 사슬뜨기 1코를 종이실 아래에서 코바늘에 실을 걸어 종이실을 감싸 뜨고, 단의 양쪽 끝에 12cm 길이의 종이실 끝을 남겨둔다. 검은색 실을 코 안에 넣어가며 1단과 동일하게 뜨면서, 이 단을 뜨는 동안 코의 안쪽으로 종이실을 가져간다. 종이실이 꽤 두꺼워서 3단부터 홀수 단은 다른 단들보다 더 길어질 거예요. 그래도 괜찮아요. 마지막 코에는 검은색 실을 넣어 뜨지 않는다.

4단. 2단과 동일하게 뜬다.

5~84단. 도안을 따라 뜬다. 홀수 단은 코 안쪽에 종이실을 넣어가며 감싸 뜬다.

편물의 양쪽 끝에 빼뜨기 단을 뜬다. 실들을 자르고 실끝을 정리한다.

루투

도안

| 64 | 60 | | 50 | | 40 | | 30 | | 20 | | 10 | |

무늬 반복
너비 짧은뜨기 10코

■ □ 짧은뜨기

루투 바닥용 매트는 루투 테이블매트의 도안을 따라서 만든다.
루투 테이블매트를 만들 때 사용했던 짧은뜨기 대신, 바닥용 매트는
한길긴뜨기로 뜬다. 이 경우 도안에서 짧은뜨기 2단이 한길긴뜨기
1단이 된다. 바닥용 매트의 둘레는 한길긴뜨기 120코, 높이는 원통
66단이다. 먼저 주황색 실로 사슬뜨기 120코를 뜨고, 빼뜨기로
연결하여 원을 만들고 원통으로 뜬다. 흰색 실을 코 안에 넣어가며
루투 도안을 따라 뜬다. 주의해야 할 점은, 이번에는 도안에서
흰색 칸은 주황색, 검은색 칸은 흰색으로 뜬다는 점이다.
바닥용 매트의 각 원통 단은 한길긴뜨기 기둥코로 시작한다.

총 원통 66단을 뜨고, 주황색 실로 아래쪽 벌어진 부분을 짧은뜨기로
연결한다. 편물 안으로 쿠션솜들을 넣고, 원통 21단과 22단 사이,
원통 43단과 44단 사이를 손바느질로 연결하면 가로 솔기가
만들어진다. 이렇게 하면 바닥용 매트에 쿠션처럼 불룩한 부분이
세 개 생긴다. 그런 다음, 주황색 실로 위쪽 벌어진 부분을 짧은뜨기로
연결한다. 가죽 손잡이 한 개는 맨 아래 솔기의 중앙에, 나머지
한 개는 위쪽 솔기(원통 43단과 44단 사이)의 중앙에 달아준다.

크기   너비 60cm, 높이 140cm
실   란카바 무쿠 울(100% 울, 1kg 1볼=390m)
          흰색 1.5kg, 주황색 1.5kg
코바늘   7mm
게이지   한길긴뜨기 10코×원통 5단=10×10cm
기타   35cm 길이 가죽 손잡이 2개, 60×45cm 쿠션솜 3개

Puolikas

푸올리카스

저는 1960년대의 기하학적이고 다채로운 패턴을 볼 때면 매번 감탄해요! 비바의 하늘하늘한 꽃무늬 드레스나 메리 퀀트의 그래픽 점프슈트를 입으면 손쉽게 보헤미안 분위기를 연출할 수 있지요. 패션은 일상생활에 색을 입혀주었고, 돋보일 기회를 주었어요. 2000년대에 한동안 1960년대 스타일이 유행했을 때, 제 옷장은 밝은 초록색의 테릴렌 소재 옷들과 플랫폼슈즈로 가득했지요.

푸올리카스 포셰트는 1960년대의 런던으로 돌아간 듯한 느낌을 주기도 하지만 지금 시점에서 보기에도 충분히 멋지답니다.

푸올리카스 포셰트

크기	너비 18cm, 높이 15cm, 옆면 폭 7cm
실	수오멘 란카 리나 트와인 12-ply(100% 면, 500g 1볼=1280m) 검은색 150g, 흰색 150g
코바늘	1.75mm(레이스용 0호)
게이지	짧은뜨기 15코×15단=5cm×5cm
기타	가죽끈 1m, 스냅후크 2개, 가방 잠금장치

개요

푸올리카스 포셰트는 짧은뜨기로 왕복하며 뜨고, 작품 전체를 뜨는 동안 당장 사용하지 않는 실은 코 안에 넣어가며 같이 뜬다. 코의 안쪽으로 가져가는 실은 바짝 당기지 않고 느슨하게 유지해야 한다. 실 고리가 편물의 겉쪽에서 보이지 않도록 각 단의 마지막 코에는 넣어 뜨지 않는다. 코를 뜨면서 코바늘에 마지막으로 실을 걸 때 실의 색을 바꾼다. 가방과 덮개를 따로 만든 다음, 빼뜨기로 서로 연결한다.

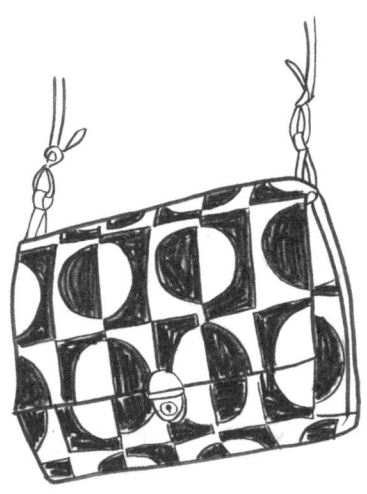

만드는 법

가방

먼저 흰색 실로 사슬뜨기 83코를 뜬다.

1단. 코바늘에서 두 번째 코에 짧은뜨기 1코를 뜨고, 검은색 실은 코 안에 넣어가며 같이 뜬다. 이번 단은 기초 사슬코의 뒷산에 떠주세요. 이렇게 뜨면 코들이 탄탄해질 거예요. *흰색 실로 짧은뜨기 10코, 코바늘에 마지막으로 실을 걸 때 검은색 실로 교체, 짧은뜨기 10코*, 단의 끝까지 *-* 반복. 검은색 실로 짧은뜨기 1코를 뜨고, 마지막 코에는 흰색 실을 넣어 뜨지 않는다.

1단은 짧은뜨기 총 82코로, 무늬가 4회 반복되고 양옆에 짧은뜨기 1코씩이다. 반복되는 무늬 하나의 너비는 짧은뜨기 20코, 높이는 20단이다.

2단. 손잡이를 위한 구멍을 만든다. 검은색 실로 사슬뜨기 1코를 뜨고, 이 코를 각 단의 첫 번째 짧은뜨기로 간주하고, 짧은뜨기 5코를 뜬다. 그런 다음 스냅후크를 연결하기 위한 구멍을 만드는데, 짧은뜨기 4코, 4코 건너뛰기, 그다음 코에 짧은뜨기 1코. *흰색 실로 짧은뜨기 10코, 검은색 실로 짧은뜨기 10코*, *-* 3회 반복. 흰색 실로 짧은뜨기 1코를 뜬 다음, 구멍을 하나 더 만든다. 단의 끝에서 흰색 실로 짧은뜨기 6코.

3~4단. 무늬 도안을 따라 뜬다. 총 104단인데, 무늬를 세로로 5회 반복하되, 맨 아래와 맨 위에는 무늬대로 2단씩 더 뜨는 것이다.

5단. 사슬뜨기 1코. *흰색 실로 짧은뜨기 7코, 검은색 실로 짧은뜨기 3코, 흰색 실로 짧은뜨기 3코, 검은색 실로 짧은뜨기 7코*, *-* 4회 반복. 단의 끝에서 검은색 실로 짧은뜨기 1코.

6~104단. 무늬 도안을 따라 뜬다. 103단은 2단과 동일하게 떠서 스냅후크 연결 구멍을 만든다. 실들을 자르고 실끝을 정리한다.

푸올리카스

도안, 가방

104 100 90 80 70 60 50 40 30 20 10

82 80　　70　　60　　50　　40　　30　　20　　10

■ □ 짧은뜨기

무늬 반복
너비 짧은뜨기 20코, 높이 20단

푸올리카스

도안, 덮개

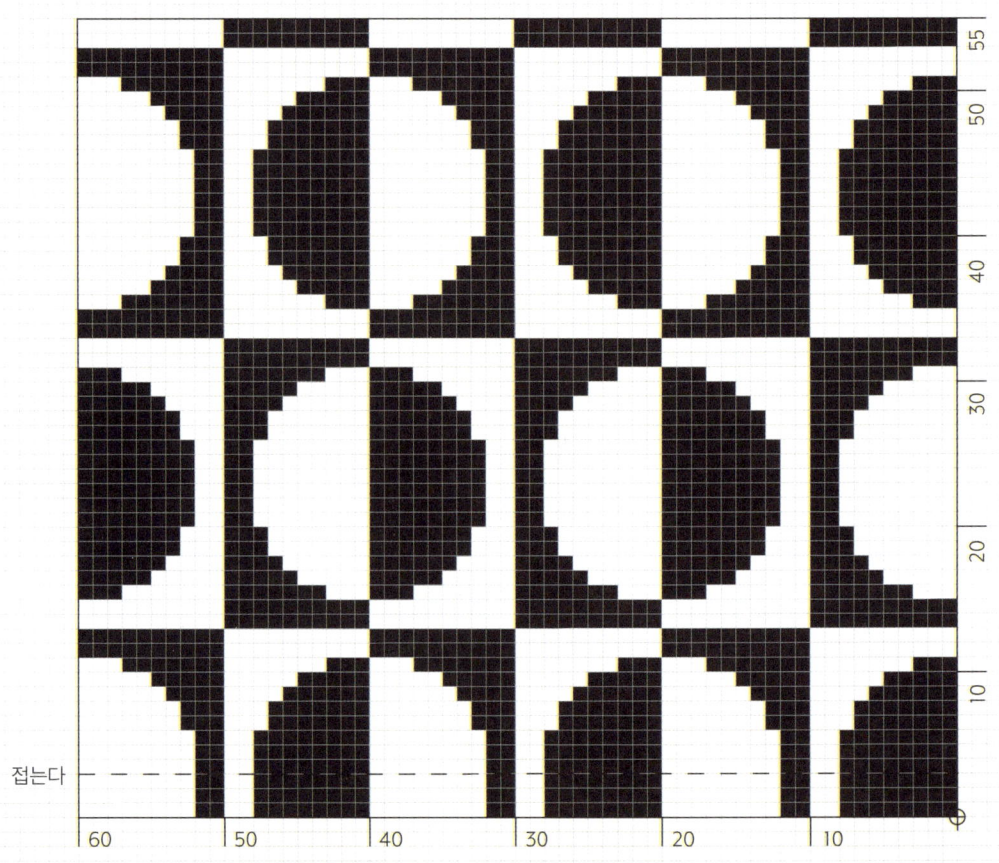

접는다

■ □ 짧은뜨기

덮개

먼저 검은색 실로 사슬뜨기 61코를 뜬다.

1단. 코바늘에서 두 번째 코에 짧은뜨기 1코를 뜨고, 흰색 실을 코 안에 넣어가며 같이 뜬다. *검은색 실로 짧은뜨기 7코, 코바늘에 마지막으로 실을 걸 때 흰색 실로 교체, 짧은뜨기 2코. 계속해서 검은색 실로 짧은뜨기 2코, 흰색 실로 짧은뜨기 8코, 검은색 실로 짧은뜨기 1코*, 단의 끝까지 *-* 반복하되, 마지막 검은색 짧은뜨기 코는 뜨지 않는다. 마지막 코에는 검은색 실을 넣어 뜨지 않는다.

1단은 짧은뜨기 총 60코로, 무늬가 3회 반복된다(무늬가 온전히 2회 반복되고, 양쪽 끝은 절반씩 반복된다). 반복되는 무늬 하나의 너비는 짧은뜨기 20코, 높이는 20단이다.

2단. 흰색 실로 사슬뜨기 1코를 뜨고, 검은색 실을 코 안에 넣어가며 같이 뜬다. *흰색 실로 짧은뜨기 7코, 코바늘에 마지막으로 실을 걸 때 검은색 실로 교체, 짧은뜨기 2코. 계속해서 흰색 실로 짧은뜨기 2코, 검은색 실로 짧은뜨기 8코, 흰색 실로 짧은뜨기 1코*, 단의 끝까지 *-* 반복하되, 마지막 흰색 짧은뜨기 코는 뜨지 않는다.

3~55단. 무늬 도안을 따라 뜬다. 총 55단으로, 무늬가 온전히 2회 반복되고, 무늬대로 맨 아래에 13단, 맨 위에 2단 더 뜨는 것이다. 꿰맬 수 있도록 흰색 실을 3m 남겨두고, 검은색 실을 자르고 실끝을 정리한다.

꿰매기

가방의 안쪽 면이 밖을 향하도록 가방을 반으로 접고, 솔기 시접이 편물 안쪽에 생기도록 손바느질로 옆면을 꿰맨다. 아래 모서리는 양쪽 옆판이 삼각형이 되도록 안쪽으로 접고(가방에 볼륨을 주기 위해), 7cm 너비의 솔기를 손바느질로 꿰맨다. 가방의 겉면이 밖으로 나오도록 뒤집는다.

덮개의 맨 아래 3단을 안쪽으로 접고, 손바느질로 꿰매 연결한다. 이렇게 접어주면 덮개의 모서리가 말리는 것을 방지할 수 있다. 그런 다음 덮개를 가방의 뒷면 위에서 8단 떨어진 곳에 핀으로 꽂아 고정하고, 손바느질로 정해진 위치에 꿰맨다. 덮개 무늬가 가방의 뒷면에서는 맞지 않겠지만, 앞쪽에서는 일치한답니다.

가방 잠금장치의 위치를 정하고, 알맞은 자리에 달아준다.

어깨끈에 스냅후크를 달아준 다음, 2단과 103단의 구멍에 스냅후크를 걸어준다.

토트백 겸 숄더백으로 사용할 수 있는 빅백은 푸올리카스 포셰트
무늬로 만든다. 빅백의 크기는 너비 짧은뜨기 82코, 높이 62단이다.
똑같은 편물을 두 개 떠서 겉면이 밖을 향하도록 겹쳐두고, 갈색 실과
흰색 실로 3면을 짧은뜨기로 연결한다. 편물 안쪽, 가방의 윗부분에
면 리본을 꿰매어 가장자리를 보강한 다음, 두 개의 가죽 손잡이를
알맞은 위치에 꿰맨다.

크기　　너비 55cm, 높이 45cm

실　　　베타니트 프라토 코튼(100% 재생 면, 100g 1볼=100m)

　　　　갈색 6볼, 흰색 6볼

코바늘　4.5mm(모사용 7.5호)

게이지　짧은뜨기 8코×8단=5×5cm

기타　　50cm 가죽 손잡이 2개, 면 리본 1.2m

Veska

베스키

헬싱키 반타 공항의 스피커에서 제 이름이 호명되고 있었어요. 저는 작은 여권 가방을 잃어버렸는데, 그 가방과 함께 지갑, 열쇠, 티켓과 평정심까지 잃은 참이었지요. 앞으로 있을 여행이 너무나 걱정돼 거의 잠을 이루지 못한 터라 머릿속은 뒤죽박죽이었답니다. 여권 가방을 잠시 내려놓았던 그 순간, 저는 그 가방의 존재 자체를 완전히 잊었던 거예요.

한 동료 여행자가 제 보물들을 찾아준 덕분에 이제 다시 제 이름이 터미널에 울리고 있었어요. 그가 저를 구제해주었죠. 만약 소중한 물건들을 이번에 소개하는 벨트백에 넣어뒀더라면 짜증 나고 불편한 상황을 겪지 않았을지도 몰라요. 이 가방을 잃어버리기란 거의 불가능하니까요.

베스카 벨트백

크기	너비 18cm, 높이 16cm, 옆면 폭 6cm
실	라그 얀(라그 얀을 1cm 너비의 가닥으로 자른다) 연보라색 300g 두꺼운 면실도 사용할 수 있다.
코바늘	5mm(모사용 8호)
게이지	짧은뜨기 8코×8단=5×5cm
기타	가방 잠금장치, 길이 4cm 가죽 조각 2개, 가죽 벨트

개요

베스카 벨트백은 짧은뜨기로 왕복하며 뜬다. 각 단마다 두 모서리에서 콧수를 늘려 이음매 없이 편물 크기를 늘린다. 앞면과 뒷면, 덮개와 포켓을 따로따로 만든다. 빼뜨기로 모두 연결한다.

만드는 법

앞면

먼저 사슬뜨기 12코를 뜬다.

1단. 코바늘에서 두 번째 코에 짧은뜨기 1코. 다음 9코에 짧은뜨기 1코씩, 마지막 코에 짧은뜨기 3코. 편물을 돌리고, 기초 사슬코의 나머지 한쪽을 따라서 뜬다. 다음 10코에 짧은뜨기 1코씩 뜨고, 실끝을 코의 안쪽으로 정리한다.

2단. 편물을 뒤집고, 사슬뜨기 1코, 다음 9코에 짧은뜨기 1코씩. 단의 모서리에서 같은 코에 짧은뜨기 3코, 다음 코에 짧은뜨기 1코, 다음 코에 짧은뜨기 3코. 다음 10코에 짧은뜨기 1코씩.

3단. 편물을 뒤집고, 사슬뜨기 1코, 다음 10코에 짧은뜨기 1코씩. 단의 모서리에서 같은 코에 짧은뜨기 3코, 다음 3코에 짧은뜨기 1코씩, 다음 코에 짧은뜨기 3코. 다음 11코에 짧은뜨기 1코씩.

4단. 편물을 뒤집고, 사슬뜨기 1코, 다음 11코에 짧은뜨기 1코씩. 단의 모서리에서 같은 코에 짧은뜨기 3코, 다음 5코에 짧은뜨기 1코씩, 다음 코에 짧은뜨기 3코. 다음 12코에 짧은뜨기 1코씩.

5~13단. 무늬 도안을 따라 뜬다. 각 단마다 두 모서리에는 짧은뜨기 3코씩 뜬다.

14단. 다른 단들과 동일하게 뜨지만, 두 모서리에서 짧은뜨기 2코씩만 뜬다.

15~22단. 짧은뜨기 단을 뜬다.

실을 자르고 실끝을 정리한다.

뒷면

뒷면은 앞면의 1~15단과 동일하게 뜬다. 꿰맬 수 있도록 실끝을 3m 남기고, 실을 자른다.

포켓

먼저 사슬뜨기로 9코를 뜬다. 포켓은 앞면의 1~10단처럼 뜨지만, 기초 사슬코의 길이가 다르다는 점을 주의한다. 꿰맬 수 있도록 실끝을 1m 남기고, 실을 자른다. 가방 잠금장치의 아랫부분을 포켓에 부착한 다음, 포켓을 앞면 위에 겉쪽이 위로 오도록 둔다. 10단과 11단 사이에 포켓의 코를 앞면의 코에 손바느질로 꿰맨다.

덮개

먼저 사슬뜨기 15코를 뜬다. 덮개는 앞면의 1~11단처럼 뜨지만, 기초 사슬코의 길이가 다르다는 점을 주의한다. 짧은뜨기 단을 한 단 더 뜨고, 빼뜨기 단을 한 단 떠서 마무리한다. 꿰맬 수 있도록 실끝을 1m 남기고, 실을 자른다.

덮개의 앞면 중앙에 가방 잠금장치 윗부분을 부착한 다음, 덮개를 가방 뒷면의 위에 겉쪽이 위로 오도록 둔다. 덮개를 뒷면의 위쪽 가장자리에서 3cm 정도 떨어진 곳에 손바느질로 꿰맨다. 완성된 편물에 따라 위쪽 가장자리에서 3cm보다 더 멀거나 가까울 수 있어요.

꿰매기

가방 앞면과 뒷면의 겉쪽이 밖을 향하도록 겹쳐두고, 빼뜨기로 서로 연결한다. 실을 자르고 실끝을 정리한다.

벨트를 끼울 수 있도록 가방 뒷면에 짧은 가죽 조각 2개를 꿰매고, 벨트를 가방에 끼운다.

베스카 도안

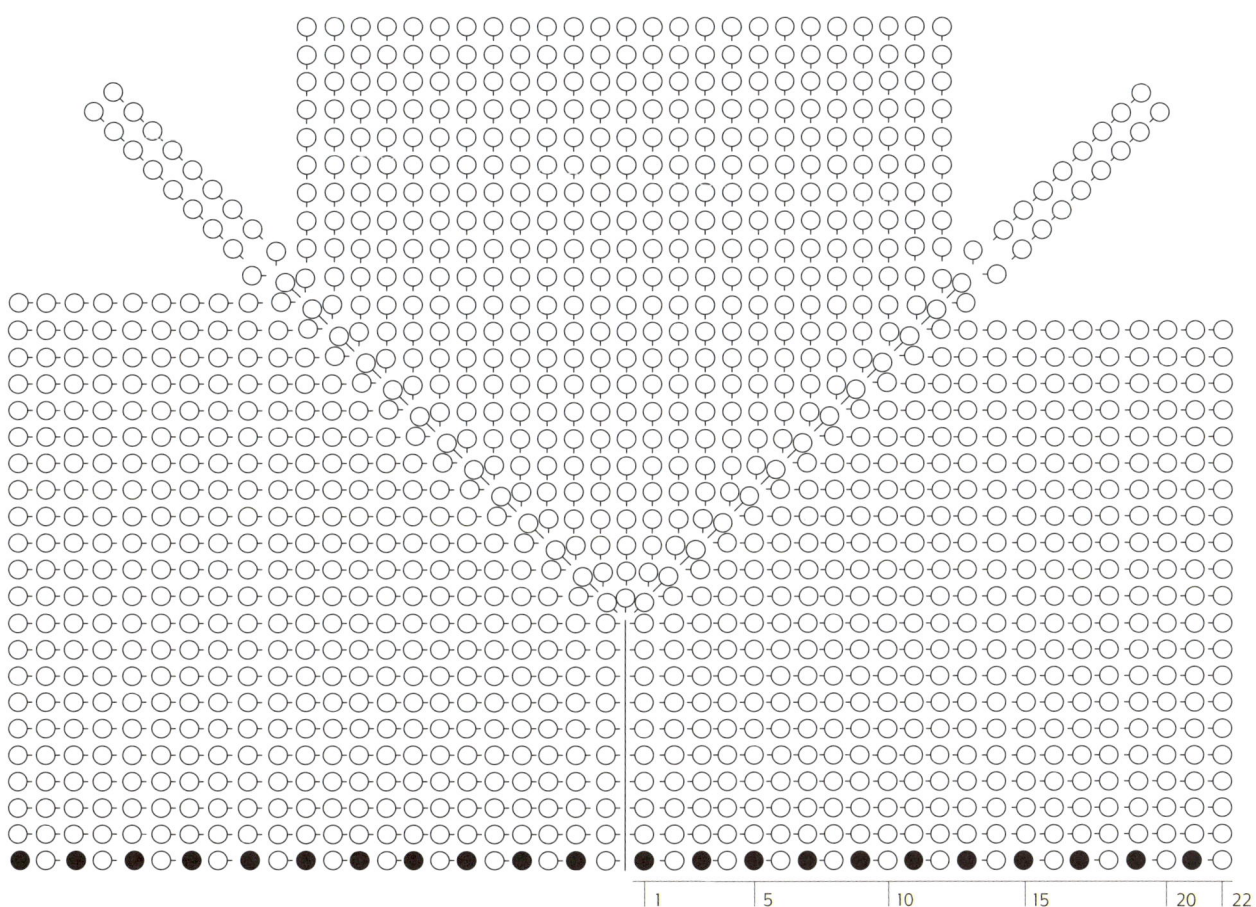

기초 사슬코

짧은뜨기

사슬뜨기

베스카 구조

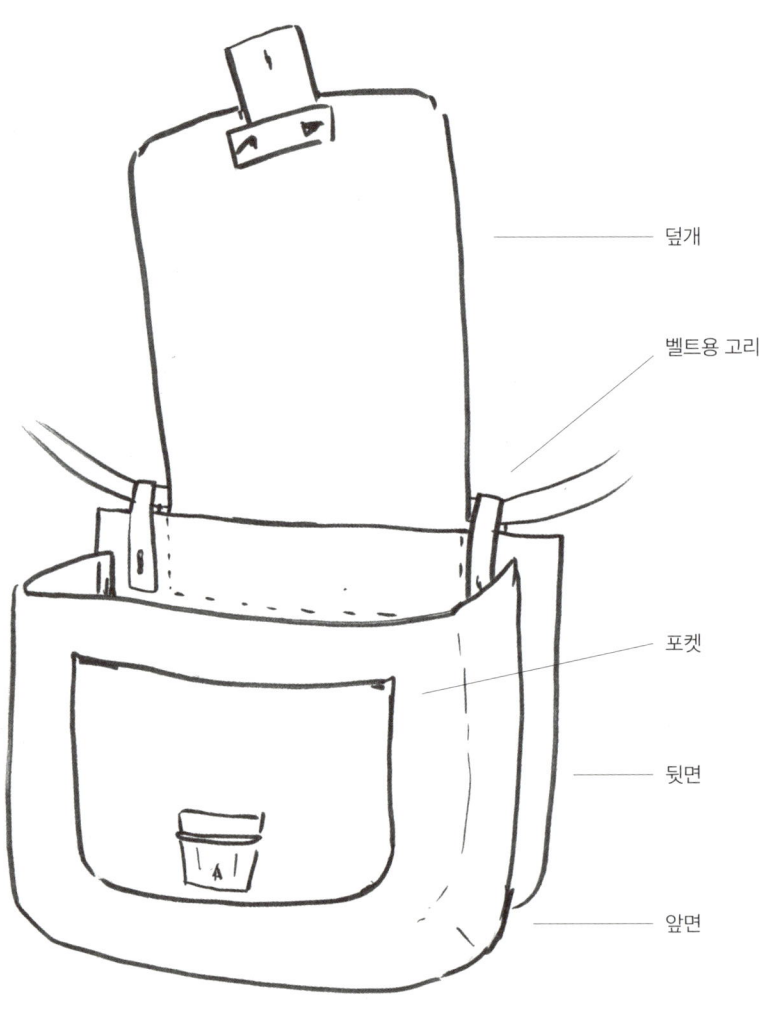

덮개

벨트용 고리

포켓

뒷면

앞면

Aalto

알토

알토 러그를 뜨는 동안, 저는 페로제도의 쇠르바구르 마을에서 썰물 때 피오르해안에 앉아 있다는 상상을 하곤 했어요. 항구의 바닷물은 빠르게 사라지고 이따금 물개가 지나가며 자국을 남기는 물결무늬의 모래언덕만이 남았지요. 저는 코바늘뜨기 강의를 위해 대서양의 페로제도를 여행한 적이 있는데, 비행기 창문을 통해 신화에 나올 듯한 그 섬이 바다에서 떠오르는 것을 본 순간, 곧장 다른 세계로 빠져들었답니다.

누군가는 매혹적인 자연과 잔디지붕 집이라는 독특한 건축양식에 감탄하겠지만, 제가 스케치북에 그렸던 건 바로 피오르해안 바닥에 있던 모래언덕이었어요. 물결을 뜻하는 알토라는 이름대로, 알토 러그의 패턴 역시 바닷물이 만들어낸 모양과 마찬가지로 비대칭적입니다.

알토 러그

크기	너비 130cm, 길이 220cm
실	란카바 프로티 루피 크래프트 얀(80% 재생면, 20% 폴리에스테르, 1.2kg 1볼=280m) 검은색 3볼, 흰색 5볼
코바늘	9mm
게이지	짧은뜨기 7코×7단=10×10cm

개요

알토 러그는 짧은뜨기로 왕복하며 뜨고, 작품 전체를 뜨는 동안 당장 사용하지 않는 실은 코 안에 넣어가며 같이 뜬다. 코의 안쪽으로 가져가는 실은 바짝 당기지 않고 느슨하게 유지해야 한다. 실 고리가 편물의 겉쪽에서 보이지 않도록 각 단의 마지막 코에는 넣어 뜨지 않는다. 코를 뜨면서 마지막으로 코바늘에 실을 걸 때 실의 색을 바꾼다.

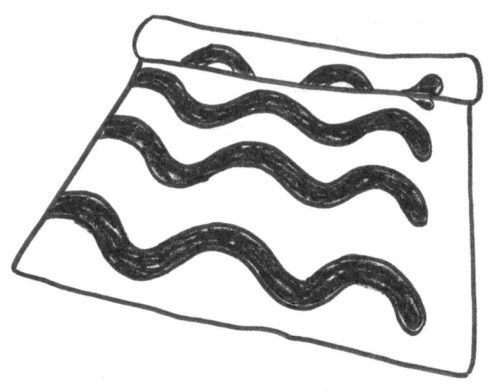

만드는 법

먼저 흰색 실로 사슬뜨기 91코를 뜨고, 빼뜨기 단을 위해 실끝을 8m 남겨둔다.

1단. 코바늘에서 두 번째 코에 짧은뜨기 1코를 뜨고, 검은색 실을 코 안에 넣어가며 같이 뜬다. 흰색 실로 각 코에 짧은뜨기 1코씩 뜨고, 마지막 코는 검은색 실을 넣어 뜨지 않는다. 1단은 짧은뜨기 총 90코.

2~4단. 흰색 실로 사슬뜨기 1코를 뜨고, 이 코를 각 단의 첫 번째 짧은뜨기로 간주한다. 검은색 실을 코 안에 넣어가며 흰색 실로 각 코에 짧은뜨기 1코.

5단. 무늬가 시작된다. 흰색 실로 사슬뜨기 1코를 뜨고, 검은색 실을 코 안에 넣어가며 같이 뜬다. 짧은뜨기 4코, 코바늘에 마지막으로 실을 걸 때 검은색 실로 교체, 검은색 실로 짧은뜨기 5코, 코바늘에 마지막으로 실을 걸 때 흰색 실로 교체, 단의 끝까지 각 코에 짧은뜨기 1코.

6단. 흰색 실로 사슬뜨기 1코를 뜨고, 검은색 실을 코 안에 넣어가며 같이 뜬다. 흰색 실로 짧은뜨기 43코, 코바늘에 마지막으로 실을 걸 때 검은색 실로 교체. 검은색 실로 짧은뜨기 8코, 흰색 실로 짧은뜨기 25코, 검은색 실로 짧은뜨기 10코, 흰색 실로 짧은뜨기 3코. 다음 단은 검은색 실로 시작하므로, 코바늘에 마지막으로 실을 걸 때 실의 색을 바꿔주세요.

7~135단. 무늬 도안을 따라 뜬다. 도안의 물결무늬가 대칭되지 않는다는 것을 알고 있나요? 검은색 물결무늬 하나의 너비는 짧은뜨기 82코, 높이는 16단이다. 132~135단은 전체를 흰색으로 뜨고, 검은색 실은 코 안에 넣어가며 같이 뜬다.

흰색 실로 편물의 양쪽 끝에 빼뜨기 단을 뜬다. 실들을 자르고 실끝을 정리한다.

□ ■ 짧은뜨기

알토

도안

Potta

포타

조지아 서부 쿠타이시 교외의 분주한 파머스마켓에서 상인들은 제가 산 물건을 거친 황마로 만든 가방에 담아주었어요. 저와 일행은 그 마켓에서 구입한 하차푸리 빵과 꿀을 중국산 자동차의 트렁크에 가득 싣고 그곳을 떠났어요. 다른 나라였더라면, 그 물건들을 비닐봉지에 담아주었겠죠.

저는 코바늘뜨기 작업을 할 때면 언제나 천연 재료를 선택하곤 한답니다. 여러분도 계속해서 많은 양의 실을 쓰다 보면, 손가락 사이에서 움직이는 느낌이 좋은 실을 선택하게 될 거예요. 면은 언제나 폴리에스테르를 이긴답니다. 하지만 포타 바구니에는 아름답지만 거친 느낌의 실을 선택했어요. 이 실은 제가 조지아의 투세티 지역에서 집으로 가져온, 염색된 털실을 떠올리게 해요.

포타 바구니

크기	높이 15cm, 지름 17cm
실	란카바 필로나 리넨 코드(100% 리넨, 500g 1볼=205m,) 진홍색 350g
코바늘	5mm(모사용 8호)
게이지	짧은뜨기 5코×원형 6단=5×5cm
기타	지름 15cm 금속 링 2개, 지름 3cm 금속 링 1개

개요

포타 바구니는 짧은뜨기로 바닥부터 나선형으로 뜬다. 뚜껑은 따로 만들고, 바구니와 뚜껑의 마지막 단은 금속 링을 감싸 코바늘뜨기를 하여 편물을 더 튼튼하게 만든다. 마지막으로, 바구니를 가지고 다닐 수 있도록 긴 어깨끈을 뜬다.

만드는 법

바구니

원형 1단. 손가락에 실을 감아 매직링을 만들고 실끝을 코 안쪽으로 넣어가며 매직링에 짧은뜨기 8코. 단의 끝에서 실끝을 바짝 당겨 구멍을 조여준다.

원형 2단. 각 코에 짧은뜨기 2코(짧은뜨기 총 16코). 계속해서 나선형으로 원형 2단을 뜬다.

원형 3단. 2코마다 짧은뜨기 2코, 나머지 코들은 짧은뜨기 1코(짧은뜨기 총 24코).

원형 4단. 3코마다 짧은뜨기 2코, 나머지 코들은 짧은뜨기 1코(짧은뜨기 총 32코).

원형 5단. 각 코에 짧은뜨기 1코.

원형 6단. 4코마다 짧은뜨기 2코, 나머지 코들은 짧은뜨기 1코(짧은뜨기 총 40코).

원형 7단. 각 코에 짧은뜨기 1코.

원형 8단. 5코마다 짧은뜨기 2코, 나머지 코들은 짧은뜨기 1코(짧은뜨기 총 48코).

원통 9~22단. 각 코에 짧은뜨기 1코.

원통 23단. 편물 안쪽에서 금속 링을 잡고, 금속 링을 감싸며 각 코에 짧은뜨기 1코를 뜬다.

원통 24단. 이전 단 짧은뜨기 코들의 위에 짧은뜨기 단을 떠서 보강한다. 각 코에 세로로 긴 짧은뜨기* 1코. 실을 자르고 실끝을 정리한다.

뚜껑

뚜껑은 바구니 도안의 원형 1~8단과 동일하게 뜬다.

원형 9단. 편물 안쪽에서 금속 링을 잡고, 금속 링을 감싸며 다음 24코에 짧은뜨기 1코씩 뜬 다음, 사슬뜨기 16코로 고리를 만들고(단춧고리), 계속해서 금속 링을 감싸며 다음 24코에 짧은뜨기 1코씩 뜬다. 꿰맬 수 있도록 실끝을 1m 남기고, 실을 자른다.

마무리

사슬뜨기를 25cm 길이로 뜨고, 뚜껑의 중앙에 엮어준 다음 양쪽 끝에 매듭을 짓는다.

뚜껑을 알맞은 위치에 실끝으로 몇 코 꿰매어 연결해준다. 뚜껑은 반드시 제 위치에 견고하게 달려 있되 쉽게 열려야 한다.

어깨끈은 사슬뜨기를 150cm 길이로 뜨고, 바구니의 끝에서 두 번째 단에 엮어준 다음 양쪽 끝을 단단히 묶는다.

작은 금속 링을 감싸 짧은뜨기를 떠서 단추로 만들고, 바구니의 앞쪽 알맞은 위치에 단추를 꿰맨다.

---

* 이전 단 혹은 몇 단 아래에 짧은뜨기하는 것을 스파이크 짧은뜨기라고도 한다.

Daisy

데이지

뜨개질로 거리를 장식하는 대회에서 한 참가자는 코바늘로 커다란 해바라기를 떠서 사무실 건물의 손잡이를 장식했어요. 그 문을 열기 위해 해바라기의 줄기를 잡으면 커다란 노란 꽃이 고개를 숙였어요. 우중충한 사무실 건물에 생기를 불어넣은 그 아이디어는 정말 재미있었죠.

제가 브라질 상파울루에서 친구의 니트 그라피티 작업에 참여했을 때 우리는 비슷한 목표를 가지고 있었어요. 우리는 몇 시간 동안이나 이야기를 나누며 웃었고, 곧 사람들을 행복하게 하기 위한 코바늘뜨기 꽃들이 가득 피어났죠.

여러분도 여기에서 선보이는 데이지꽃으로 집과 거리를 꾸며줄 수 있고 혹은 가방에 달아서 가지고 다닐 수도 있어요.

데이지 버킷백

크기	높이 28cm, 지름 24cm
실	수오멘 란카 리나 트와인·몰라 트와인 12-ply
	(100% 면, 500g 1볼=1280m)
	가방: 리나 흰색 250g
	데이지: 몰라 노란색 100g, 흰색 200g
코바늘	1.75mm(레이스용 0호)
게이지	8픽셀×원통 8단=5×5cm
기타	지름 12cm 가죽 바닥판(구멍 28개),
	안감용 면 40×70cm, 섬유 보강제, 손잡이용
	면 로프 2.5m

개요

데이지 버킷백은 가죽 바닥판을 따라 픽셀 코바늘뜨기* 기법
으로 만든다. 데이지꽃은 따로 만들어서 가방에 꿰맨다. 가방
의 위쪽 가장자리에는 손잡이를 통과시키기 위한 구멍을 만든
다. 데이지꽃을 가방에 꿰매기 전, 꽃잎이 말리는 것을 방지하
기 위해 꽃잎에 섬유 보강제를 얇게 한 겹 발라준다.

---

* 모눈뜨기(방안뜨기)라고도 한다.

만드는 법

가방

첫 번째 원통뜨기 단은 가죽 바닥판을 따라 흰색 실로 뜬다. 28개의 구멍 중 첫 번째 구멍에 코바늘을 넣고, 짧은뜨기 1코를 뜬다. *사슬뜨기 3코, 다음 구멍에 짧은뜨기 1코*, 단의 끝까지 *-* 반복한다. 편물에 총 112코가 생겼다. 빼뜨기로 단을 연결한다.

원통 2단. 한길긴뜨기 기둥코와 사슬뜨기 1코를 뜨고, 각 코에 *한길긴뜨기 1코, 사슬뜨기 1코*. 빼뜨기로 단을 연결한다. 원형 2단은 112픽셀이다.

원통 3~43단. 한길긴뜨기 기둥코와 사슬뜨기 1코를 뜨고, 각 코에 *한길긴뜨기 1코, 사슬뜨기 1코*. 빼뜨기로 단을 연결한다.

원통 44~45단. 위쪽 가장자리. 각 픽셀마다 짧은뜨기 2코. 빼뜨기로 단을 연결한다. 원통 45단은 총 224코.

원통 46단. 손잡이를 위한 구멍. *짧은뜨기 5코, 사슬뜨기 5코, 5코 건너뛰기, 짧은뜨기 4코*, 단의 끝까지 *-* 반복. 빼뜨기로 단을 연결한다. 손잡이용 구멍이 16개 생겼다.

원통 47~48단. 각 코에 짧은뜨기 1코. 빼뜨기로 단을 연결한다. 원통 48단은 총 224코.

빼뜨기 단을 뜬다. 실을 자르고 실끝을 정리한다.

데이지

작은 수술
원형 1단. 노란색 실을 손가락에 감아서 매직링을 만들고, 짧은뜨기로 연결한 다음, 사슬뜨기 2코. 실끝을 코 안에 넣어가며 매직링에 한길긴뜨기 18코를 뜬다. 빼뜨기로 단을 연결한다. 이제 사슬뜨기 코를 포함하여 한길긴뜨기 19코가 생겼다. 실끝을 바짝 당겨 구멍을 조여준다.

원형 2단. 한길긴뜨기 기둥코를 뜬다. *다음 코에 한길긴뜨기 2코, 한길긴뜨기 1코*, 단의 끝까지 *-* 반복. 한길긴뜨기 총 28코. 빼뜨기로 단을 연결한다. 실을 자르고 실끝을 정리한다.

작은 수술을 10개 만든다.

큰 수술
원형 1~2단은 작은 수술 도안과 동일하게 뜬다.

원형 3단. 사슬뜨기 1코를 뜨고, 각 코에 짧은뜨기 1코. 꿰맬 수 있도록 실끝을 1m 남기고, 실을 자른다. 큰 수술은 살짝 볼록할 거예요!

큰 수술을 10개 만든다.

꽃잎
각각의 작은 수술 둘레로 14개의 꽃잎을 흰색 실로 뜬다. 작은 수술의 마지막 코에 짧은뜨기 1코를 뜬다. 사슬뜨기 14코를 뜨고, 편물을 돌리고, 코바늘에서 네 번째 코에 한길긴뜨기 1코를 뜬다. 다음 10코에 한길긴뜨기 1코씩 뜬다. 작은 수술의 다음 코에 첫 번째 꽃잎을 짧은뜨기로 연결한다. 짧은뜨기 1코를 뜨고, 사슬뜨기 14코를 뜬 다음, 편물을 돌리고, 코바늘에서 네 번째 코에 한길긴뜨기 1코를 뜨고, 다음 10코에 한길긴뜨기 1코씩 뜨고, 두 번째 꽃잎을 작은 수술에 짧은뜨기로 연결한다. 계속해서 동일한 방식으로 꽃잎을 총 14개 뜬다. 빼뜨기로 단을 연결한다.

꽃잎의 둘레에 빼뜨기 단을 뜬다. 각 코에 빼뜨기 1코를 뜨고, 꽃잎 가장자리의 사슬코에는 짧은뜨기 4코를 뜨고, 짧은뜨기 코들 사이에도 빼뜨기 1코(꽃잎의 밑부분)를 뜬다. 실을 자르고 실끝을 정리한다.

작은 수술과 큰 수술을 빼뜨기로 서로 연결한다. 작은 수술 위에 큰 수술을 겉쪽이 밖을 향하도록 얹고, 편물 두 겹에 동시에 코바늘을 통과시키고, 각 코에 빼뜨기 1코를 떠서 두 개의 수술을 서로 연결한다. 실을 자르고 실끝을 정리한다.

10개의 데이지꽃을 동일한 방식으로 뜬다.

만약 꽃잎이 안쪽으로 말린다면, 뒷면에 섬유 보강제를 얇게 한 겹 바르고 마를 때까지 두세요.

꽃들을 가방에 꿰맨다.

데이지

도안, 가방

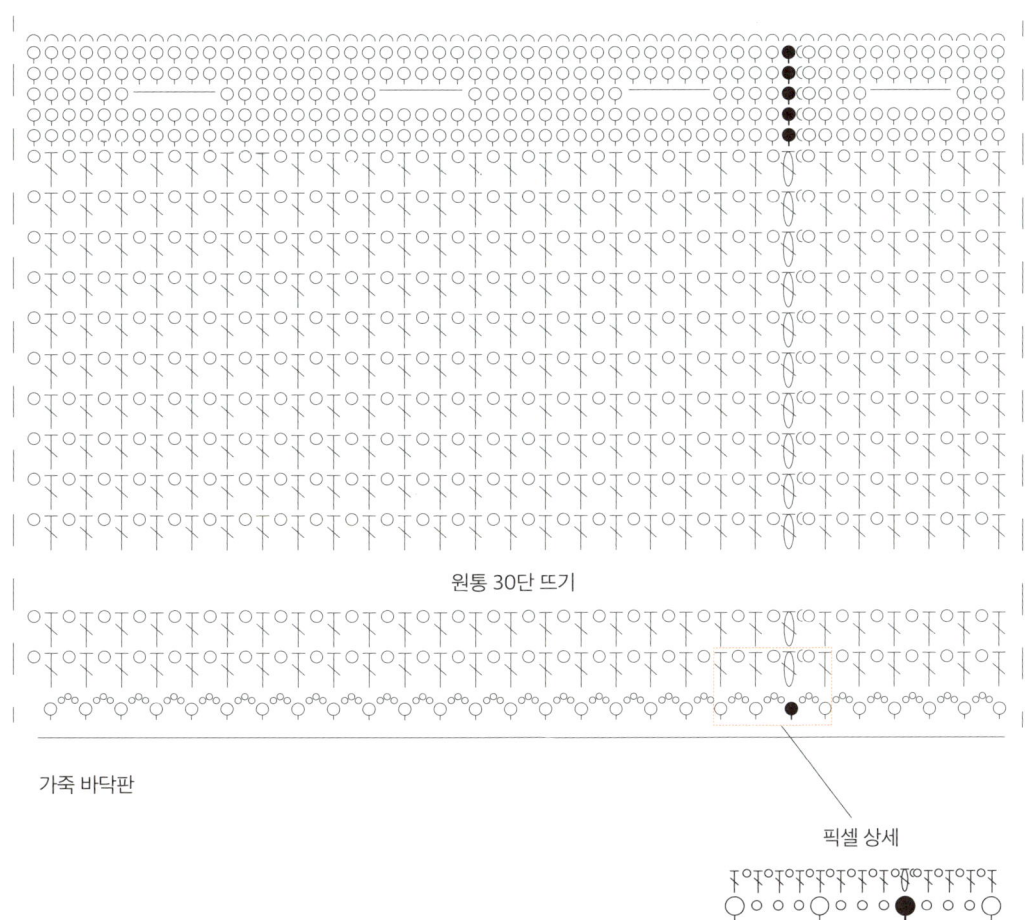

원통 30단 뜨기

가죽 바닥판

픽셀 상세

기호	설명
○	사슬뜨기
⏀	한길긴뜨기 기둥코
┬	한길긴뜨기
⸦	빼뜨기
○	짧은뜨기
●	단의 첫 짧은뜨기
——	손잡이용 구멍, 사슬뜨기 5코

데이지

도안, 데이지

작은 수술,
꽃잎

큰 수술

⬭ 매직링

○ ○ 사슬뜨기

Ⅱ 한길긴뜨기 기둥코

Ⅰ Ⅰ 한길긴뜨기

Ⅴ 코늘리기, 같은 코에 한길긴뜨기 2코 뜨기

((빼뜨기

♀ ♀ 짧은뜨기

● ● 단의 첫 코

안감

가방 크기에 맞게 안감을 자른다. 안감을 가방 안쪽에서 원형 1단과 44단 사이에 손바느질로 꿰맨다.

면 로프 손잡이를 가방 상단에 있는 구멍에 통과시켜 엮어준다.

Vuokko

부오코

부오코 패턴은 마치 아름다운 플루메리아 꽃다발 같아요. 천연 치료제로 사용되는 플루메리아의 원산지는 중앙아메리카예요. 어느 여행에서, 플루메리아꽃을 오른쪽 귀 뒤에 꽂고 있으면 연인을 찾고자 하는 마음을 표시하는 거라는 이야기를 들었어요. 데이팅 앱을 대신할 수 있는 정말 멋진 방법이죠!

책에 실린 작품은 두 가지 색을 배색했지만, 꽃의 가운데 동그라미를 노란색 실로 떠줄 수도 있어요. 이렇게 세 가지 색으로 뜬 부오코 무늬가 어떤 모습인지도 봐주세요. 귀여운 지갑뿐만 아니라 여름휴가를 위한 해변용 러그를 만들 때도 이 무늬를 사용해보세요.

부오코 지갑

크기	너비 18cm, 길이 38cm(펼쳤을 때 전체 길이)
실	수오멘 란카 리나 코튼 트와인 12-ply(100% 면, 500g 1볼=1280m) 흰색 50g 수오멘 란카 몰라 코튼 트와인 12-ply 갈색 100g
코바늘	1.75mm(레이스용 0호)
게이지	짧은뜨기 16코×15단=5×5cm
기타	얇은 가죽끈 1m, 작은 스냅후크, 작은 D링, 스냅버튼 2개

개요

부오코 지갑은 짧은뜨기로 왕복하며 뜨고, 작품 전체를 뜨는 동안 당장 사용하지 않는 실을 코 안에 넣어가며 같이 뜬다. 코의 안쪽으로 가져가는 실은 바짝 당기지 않고 느슨하게 유지해야 한다. 실 고리가 편물의 겉쪽에서 보이지 않도록 각 단의 마지막 코에는 넣어 뜨지 않는다. 코를 뜨면서 마지막으로 코바늘에 실을 걸 때 실의 색을 바꾼다.

만드는 법

먼저 갈색 실로 사슬뜨기 57코를 뜬다.

1단. 코바늘에서 두 번째 코에 짧은뜨기 1코를 뜨고, 흰색 실을 코 안에 넣어가며 같이 뜬다. 이 단은 사슬뜨기 코들의 코산에만 떠주세요. 짧은뜨기 9코를 뜨고, 코바늘에 마지막으로 실을 걸 때 흰색 실로 교체. 흰색 실로 짧은뜨기 2코, 갈색 실로 짧은뜨기 15코, 흰색 실로 짧은뜨기 2코, 갈색 실로 짧은뜨기 15코, 흰색 실로 짧은뜨기 2코, 갈색 실로 짧은뜨기 10코. 마지막 코에는 흰색 실을 넣어 뜨지 않는다. 이제 편물에는 짧은뜨기 총 56코가 생겼다.

2~4단. 갈색 실로 사슬뜨기 1코를 뜨고, 이 코를 각 단의 첫 번째 짧은뜨기로 간주한다. 흰색 실을 코 안에 넣어가며 1단과 동일하게 뜬다.

5단. 갈색 실로 사슬뜨기 1코, 짧은뜨기 4코, 흰색 실로 교체. 흰색 실로 짧은뜨기 4코, 갈색 실로 짧은뜨기 1코, 흰색 실로 짧은뜨기 2코, 갈색 실로 짧은뜨기 1코, 흰색 실로 짧은뜨기 4코, 갈색 실로 짧은뜨기 10코, 흰색 실로 짧은뜨기 2코, 갈색 실로 짧은뜨기 10코, 흰색 실로 짧은뜨기 4코, 갈색 실로 짧은뜨기 1코, 흰색 실로 짧은뜨기 2코, 갈색 실로 짧은뜨기 1코, 흰색 실로 짧은뜨기 4코를 뜨고 갈색 실로 짧은뜨기 5코를 뜬다.

6~113단. 무늬 도안을 따라 뜬다. 총 113단을 뜬다. 실들을 자르고 실끝을 정리한다.

포켓

포켓2는 무늬 도안을 따라 만든다. 도안의 60~86단을 동일하게 뜬다. 포켓의 너비는 56코, 높이는 26단이다. 포켓의 위쪽 가장자리에 빼뜨기 단을 뜬다. 실들을 자르고, 실끝을 정리한다.

편물의 안쪽이 위를 향하도록 테이블에 둔다. 포켓2를 겉쪽이 위를 향하도록 60단과 86단 사이에 두고, 아래 가장자리를 지갑에 손바느질로 꿰맨다. 포켓의 양옆은 나중에 연결한다.

지갑의 아랫부분을 27단에서부터 안쪽으로 접으면, 높이 26단인 두 번째 포켓(포켓1)이 만들어진다. 포켓이 움직이지 않도록 핀을 꽂는다. 포켓의 양옆은 나중에 연결한다.

가장자리

지갑 3면의 가장자리에 갈색 실로 짧은뜨기를 뜬다. 이때 포켓 두 개의 양옆을 연결한다.

편물의 겉쪽이 위를 향하도록 테이블에 두고, 오른쪽 아래 모서리에서부터 가장자리를 뜬다. 코바늘을 두 겹의 편물에 통과시키고, 짧은뜨기 13코를 뜬다. 다음 짧은뜨기 4코 안쪽에 작은 D링을 달아준다. 계속해서 각 단마다 짧은뜨기 1코씩 가장자리를 뜬다. 위쪽 두 모서리에서는 같은 코에 짧은뜨기 3코를 뜬다. 실을 자르고 실끝을 정리한다.

편물을 모양대로 접으면, 포켓은 안쪽, 덮개는 위쪽이 된다. 덮개를 닫아 잠글 수 있는 스냅버튼 두 개의 위치를 정하고, 손바느질로 알맞은 위치에 꿰맨다.

스냅후크에 가죽끈을 묶고, 알맞은 위치에 D링을 달고 D링에 스냅후크를 연결한다.

□ ■ 짧은뜨기

부오코

도안

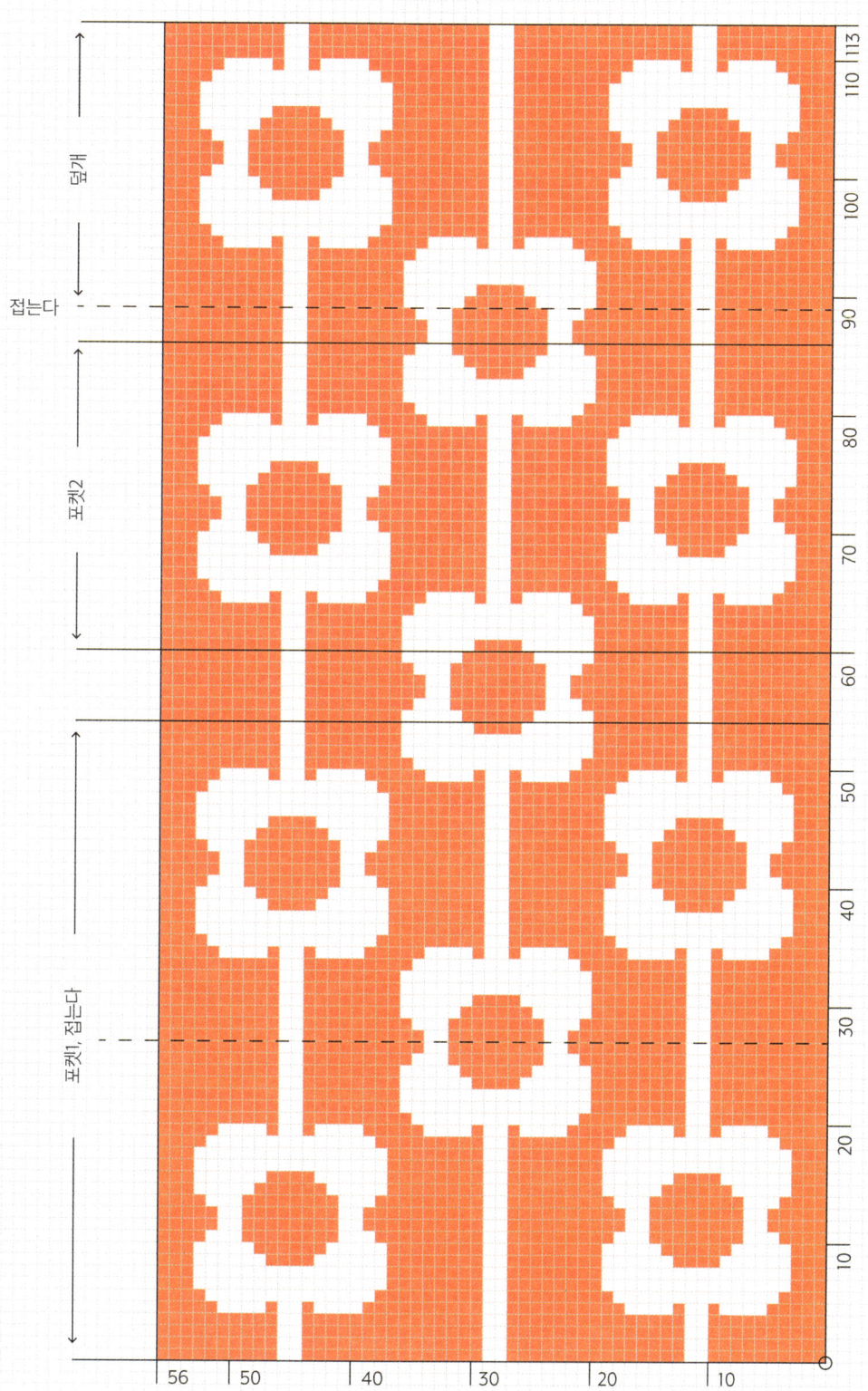

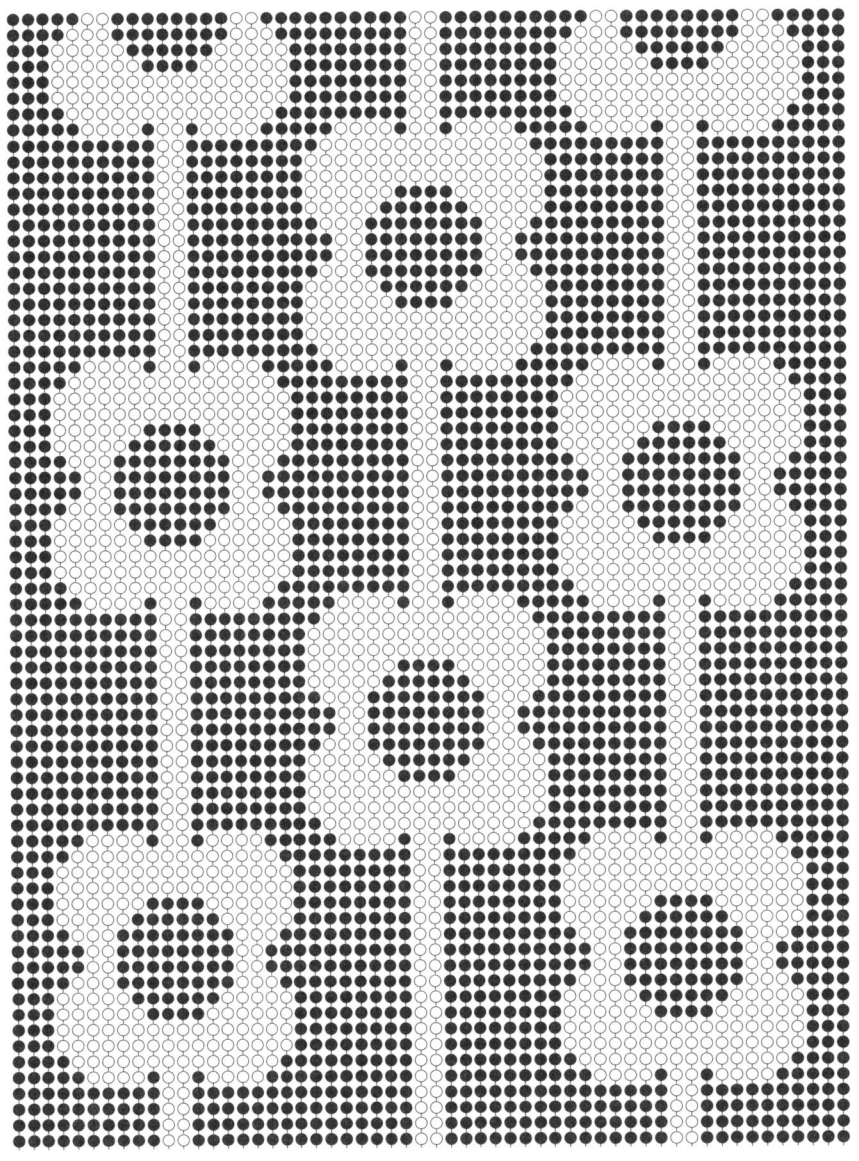

부오코 무늬, 도안 디테일

◯ ⬤ 짧은뜨기

부오코 해변용 러그는 부오코 지갑을 뜨는
방법으로 단을 늘려 만든다. 러그의 크기는 너비
짧은뜨기 56코, 높이 174단이다.

크기	너비 45cm, 길이 150cm
실	란카바 몰라 밀스 모이 얀
	(80% 재생 면, 20% 폴리에스테르)
	검은색 500g, 흰색 1kg
코바늘	5mm(모사용 8호)
게이지	짧은뜨기 13코×13단=10×10cm

사람들을 연결해주는 손뜨개의 힘

저는 도쿄 지요다역에서 코바늘뜨기로 만든 가방을 들고 고속열차를 기다리고 있었습니다. 그 가방 바닥에는 카메라에 눌려 찌그러진 주먹밥이 들어 있었어요. 몇 시간 후면 오사카에 있는 한 수공예 전문점에서 코바늘 손뜨개 워크숍을 개최할 예정이었고, 긴장해서인지 뱃속이 간질간질했어요. 나리타 공항에서 비싼 값을 주고 포켓 와이파이를 대여하고 나서야 지도 애플리케이션을 열어서 제가 어디에 있는지 확인하고 길을 찾을 수 있었어요.

저는 정말 일본에 있었어요. 핀란드에서 이렇게나 멀리 떨어진 곳을 전에는 한 번도 여행한 적이 없었어요. 일 년 전, 환상적인 향기를 찾고 차를 생산하는 산악지역을 살펴보기 위해 인도로 떠났던 것과 같은 열정으로, 이번에는 일본에 오게 된 거였어요.

일본에서 진행한 여러 번의 워크숍에서 참가자들은 조용히 앉아서 집중했고, 저는 통역사의 낮은 목소리만을 들을 수 있었어요. 정말 조용하고 평화로운 분위기였어요. 저는 매번 고속열차를 타고 창밖을 바라보며 강연 장소로 이동했는데, 시즈오카에서는 이미 내린 첫눈을 후지산의 정상에서 볼 수 있었답니다.

그런데 브라질의 열기 속에서 개최한 워크숍은 일본의 조화로움과는 정반대였어요. 교실은 시끄럽고 흥분된 대화로 가득 찼고, 제가 환영인사를 하는 도중에 이미 수십 개의 손이 열정적으로 코바늘뜨기로 꽃을 만들고 있더라고요.

나라와 문화는 다르더라도, 손으로 무언가를 만드는 사람들에게는 한 가지 공통점이 있어요. 바로 공동체의식이에요. 코바늘뜨기를 가르쳐주기 위해 핀란드에서 가방을 챙겨 다른 대륙으로 여행을 떠날 때면, 저는 언제나 오랜 친구를 만나러 가는 듯한 기분이 들곤 한답니다.

제가 가진 열정을 다른 사람들과 나누면서 중요한 것을 배우게 되었어요. 정말 중요한 것은 여러분이 지금 어디에 있는가가 아니라, 누구와 일상을 함께하는가예요. 이제 코바늘뜨기를 혼자서만 하지 말고, 함께할 수 있는 동료들을 만나 여러분의 지식과 기술을 나누어보세요.

언젠가는 여러분이 워크숍에서 만난 손뜨개 동료와 함께 르노 자동차를 타고 유럽을 달리며 귀중한 순간들을 함께 누리게 될지도 모르잖아요!

♡ Molla

실 정보

란카바 마틸다 얀 Matilda yarn by Lankava
80% 재생 면, 20% 폴리에스테르, 500g 1볼=140m

란카바 몰라 밀스 모이 얀 Moi yarn by Molla Mills for Lankava
80% 재생 면, 20% 폴리에스테르, 200g 1볼

란카바 무쿠 울 Muhku wool by Lankava
100% 울, 1kg 1볼=390m, 텍스* 850×3

란카바 미니 튜브 얀 Mini tube yarn by Lankava
80% 재생 면, 20% 폴리에스테르, 1kg 1볼=335m

란카바 프로티 루피 크래프트 얀 Frotee loopy craft yarn by Lankava
80% 재생 면, 20% 폴리에스테르, 1.2kg 1볼=280m

란카바 필로나 리넨 코드 Filona linen cord, Lankava
100% 리넨, 500g 1볼=205m, 텍스 1250/2

란카바 필로나 주트 코드 Filona jute cord, Lankava
100% 황마, 500g 1볼=225m, 텍스 280×8

란카바 필로나 플랫 페이퍼 리본 Filona flat paper ribbon, Lankava
100% 종이, 100g 1볼=87m, 0.80Nm, 텍스 1250

베타니트 알파카 브러시 Alpaca Brush by Bettaknit
44% 알파카, 44% 울, 12% 폴리아미드, 50g 1볼=200m

베타니트 프라토 코튼 Prato Cotton by Bettaknit
100% 재생 면, 100g 1볼=100m

수오멘 란카 리나 트와인(12-ply) Liina twine(12-ply) by Suomen Lanka
100% 면, 500g 1볼=1280m, 텍스 30×12

수오멘 란카 리나 트와인(18-ply) Liina twine(18-ply) by Suomen Lanka
100% 면, 500g 1볼=840m, 텍스 30×18

수오멘 란카 바르피 트와인 Varppi twine by Suomen Lanka
100% 면, 500g 1볼=500m, 텍스 50×18

수오멘 란카 모파리 트위스티드 몹 얀 Moppari twisted mop yarn by Suomen Lanka
80% 재생 면, 20% 폴리에스테르, 1kg 1볼=310m, 텍스 100×10×3

수오멘 란카 몰라 트와인(12-ply) Molla twine(12-ply) by Suomen Lanka
100% 면, 500g 1볼=1280m, 텍스 30×12

수오멘 란카 몰라 트와인(18-ply) Molla twine(18-ply) by Suomen Lanka
100% 면, 500g 1볼=840m, 텍스 30×18

키트 쿠튀르 하이랜드 얀 Highland Yarn by Kit Couture
100% 울, 50g 1볼=100m

* 실 1000미터당 무게.

초판 1쇄 발행 2022 년 9 월 20 일
초판 2쇄 발행 2023 년 1 월 5 일

지은이   몰라 밀스
옮긴이   임윤경
감수자   이순선

펴낸이   최정이
펴낸곳   지금이책
주소   경기도 고양시 일산서구 킨텍스로 410
전화   070-8229-3755
팩스   0303-3130-3753
이메일   now_book@naver.com
블로그   blog.naver.com/now_book
인스타그램   nowbooks_pub
등록   제 2015-000174 호

ISBN   979-11-88554-61-4 (13590)